AN FEAR GLAS | THE GREEN MAN

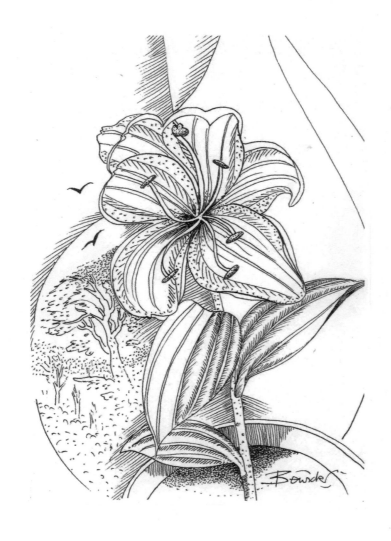

Do Pauline Bewick agus Maria Simmonds-Gooding

Cathal Ó Searcaigh

AN FEAR GLAS ¦ THE GREEN MAN

Pauline Bewick
Ealaín

ARLEN
HOUSE

An Fear Glas ⁞ *The Green Man*

is published in 2015 by/Foilsithe i 2015 ag

ARLEN HOUSE
42 Grange Abbey Road
Baldoyle
Dublin 13
Ireland
Fón/Facs: 00 353 86 8207617
Ríomhphost: arlenhouse@gmail.com
arlenhouse.blogspot.com

International distribution/Dáileoirí idirnáisiúnta
SYRACUSE UNIVERSITY PRESS
621 Skytop Road, Suite 110
Syracuse, NY 13244–5290
Fón: 315–443–5534/Facs: 315–443–5545
Ríomhphost: supress@syr.edu
www.syracuseuniversitypress.syr.edu

978–1–85132–121–6, hardback/crua
978–1–85132–122–3, limited edition, signed and numbered

Clóchur ⁞ Arlen House
Priontáil ⁞ Brunswick Press
Saothar Ealaíne ⁞ Pauline Bewick

Tá Arlen House buíoch de
Chlár na Leabhar Gaeilge
agus d'Fhoras na Gaeilge

CLÁR

Is mian leis na foilsitheoirí buíochas a ghabháil le Cló Iar-Chonnacht as dánta as *Ag Tnúth leis an tSolas* (2000) agus *Gúrú i gClúidíní* (2006), a cheadú don chnuasach seo.

Gabhaim buíochas le Frank Sewell, Paddy Bushe, Gabriel Rosenstock, Anna Ní Dhomhnaill agus Seán Mac Aindreasa.

Buíochas mór le Pauline Bewick as an obair ealaíne.

Arlen House wishes to acknowledge permission from Cló Iar-Chonnacht in the republishing of poems from *Ag Tnúth leis an tSolas* (2000) and *Gúrú i gClúidíní* (2006).

Many thanks to Frank Sewell, Paddy Bushe, Gabriel Rosenstock, Anna Ní Dhomhnaill and Seán Mac Aindreasa for superb translations.

Huge thanks to Pauline Bewick for her illustrations and watercolours.

AN FEAR GLAS | THE GREEN MAN

ó

Na Saighneáin
(Arlen House, 2014)

WILD IRIS

For me you are
the clear yellow radiance
of June.

Delicate bloom
smooth
as a lark's wing.

Fairytale princess
accepting the stream's sanctuary
from the sun.

Your honey-gold tongue
blossoms into adoration
of the light.

Muse of wisdom
sipping at the world
before you lose

your youth and bloom
and turn yourself
to earth again.

Translated by Paddy Bushe

AN SIOLASTRACH

Domhsa is tú
ruithne ghlé bhuí
an Mheithimh.

Mo bhláithín caoin
atá chomh mín
le heiteog na riabhóige.

Is tú an ríon óg
sa díobhóg do shlánú féin
faoin ghréin.

Do theangaidh bhuí bhinn
bhláfar ag móradh
an tsolais.

Bé na céille
ag baint sú as an tsaol
sula gcaillfidh tú

do ghné is do ghnaoi,
sula dtiompóidh tú
aríst i do chré.

HOMAGE TO THE WILD IRIS

Let the flowers of the low hills
assemble on all sides,
rough goose grass, smooth knapweed;
I make no claim for these,
I pledge no faith to these
but in the yellow iris, the sage of drains
who lights my heart with his beam.

That head furled in bright yellow
happily swaying away,
the chambers of his heart open
to the soft light of the mountain
as he stands manfully
by the roadside stream
while I make my way to the well.

Day in day out he reminds me
with his joyful yellow fluency
that adversity can be transcended
and that while all my labouring
seems to seep into the bog
he emerged into the light
out of morass, out of mud.

Let the flowers of the low hills
assemble on all sides,
St John's Wort and Mary's Candles;
I yield nothing to them
but to the wild, gentle iris
who smilingly inspires me
to sit here on the bog, grateful for the sun.

Translated by Paddy Bushe

ÓMÓS AN tSIOLASTRAIGH

Bíodh blátha na dtulach
ar gach taobh,
an mhínscoth agus an garbhlus;
ní hiadsan atá mé a mhaíomh,
ní hiontu atá m'iontaoibh
ach sa tsiolastrach bhuí, saoi na díge,
a thógann mo chroí lena aoibh.

A cheann glébhuí cocánach
ag luascadh go háthasach,
áras a chléibh ar leathadh
do sholas caoin an tsléibhe
agus é ina sheasamh go croíúil
i ndíobhóg an bhóthair
agus mé ag gabháil chun an tobair.

É ag meabhrú domh gach lá
lena líofacht bhuí lúcháireach
go dtig gach doiligh a shárú
agus cé go bhfuil mo shaothar
ag gabháil amú san abar
gur éirigh leisean borradh
agus bláthú as abar agus clabar.

Bíodh blátha na dtulach
ar gach taobh;
lus Cholm Cille is coinnle Mhuire;
ní daofa atá mé ag géilleadh
ach don tsiolastrach chaoimh
a spreagann mé lena aoibh
le suí anseo san abar ag altú na gréine.

FOR SARAH BOGATI – THREE MONTHS OLD

I take joy in
    your plosive vowels
    your syllabic snuffles
    the compound words of your crying
in a language without gender.

You can speak it
    laughing or crying
    yelling or bellowing.
    You have your own way
to assert yourself in silence.

Yours is the fluent
    language of dominion.
    From your royal cradle
    you cheerfully decree
verbal autonomy.

There is but one tense
    in your unspoilt language.
    You live and breathe
    and act, dear heart,
in the present continuous.

That, little treasure, is the tense
    it would suit us all to frequent
    who are either astray in the past
    or in perpetual suspension
somewhere in the future.

Translated by Paddy Bushe

DO *SARAH BOGATI* – AGUS Í TRÍ MHÍ D'AOIS

Is aoibhinn liom
    do ghutaí pléascacha
    do shiollaí srónacha
    do chomhfhocail chaointeacha
as teangaidh gan inscne.

Tá deis a labhartha agat
    i gcaoineadh agus i ngáire
    i liú agus i mbéic.
    Tá tú ábalta tú féin
a chur in iúl i dtost.

Agatsa atá teangaidh
    líofa na mbuafhocal.
    Ó do chliabhán ríoga
    fógraíonn tú go haigeanta
féinriail an bhriathair.

Níl ach aimsir amháin
    i do theangaidh shuáilceach.
    Tá tusa beo bríomhar
    agus ag gníomhú, a chroí,
san aimsir láithreach.

Sin an aimsir, a stór,
    a d'fhóirfeadh dúinn go léir
    atá caillte san aimsir chaite
    nó ar fionraí go síoraí
san aimsir fháistineach.

TO CHRISTOPHER ISHERWOOD

Here I am at your doorstep, a gay pilgrim, Christopher,
this home from home where you sketched the fleshpots of Berlin
in your day. Fraulein Schröder's guesthouse.

A naughty, gossipy, big-hearted place bursting at the seams
with rumours of the hour and news bulletins from the streets.
No 17, Nollendorfstrasse. A pale yellow house

with pigeons sitting on the sunny balconies today,
a calm peaceful Sunday, the city in bloom.
Standing at your door, hot tears begin to flow

as you take shape in my mind's eye, revealing yourself
within me though I only know you from the pages of books
when first we met in *Goodbye to Berlin* some thirty years ago.

I see you in that room, the patina of heavy Prussian furniture
around you as you keenly bring to artistic life
that easygoing bohemian family

with whom you shared your lodgings in the early Thirties;
sympathetic characters chiselled for all time –
Mr Norris, Fraulein Schröder, the lovely foolish Sally Bowles.

I'm at your doorstep but other tenants live here now,
Weiss and Wagner, Miller and Bretner,
but it's not them that I see but you; the sharp look

as you take me in; nothing escapes you;
the same acuity that illumined Berlin in the early years
of its tumult. Impressionable Berlin of indolence. Poor famine-stricken Berlin.

'I'm a camera', you said yourself and never spoke a truer word
capturing as you did every live moment of the city
in the fluency of your word-lense as the hour of dread

Tá mé ar leac an dorais agat, oilithreach aerach, a *Christopher*,
chuig an teach seo inar chuir tú do chló craicneach féin
ar Bheirlin do linne. Teach lóistín *Fraulein Schroeder*.

An teach dána, dea-chroíoch, cúlchainteach seo a bhí lán
de ráflaí na huaire agus de scéalta reatha na sráide.
Uimhir seacht déag, Nollendorfstrasse. Teach buíbhán,

is na colmáin ina suí ar bhalcóiní gréine na bhfuinneog inniu
ar an Domhnach sítheach sóch seo i gcathair atá faoi bhláth.
I mo sheasamh ag do dhoras tig na deora liom go tiubh

is tú ag teacht chun solais i mo mheabhair, do nochtadh féin
im' aigne cé nach bhfuil d'aithne agam ort ach aithne na leabhar
ó bhuail mé leat in *Goodbye to Berlin* tríocha éigin bliain ó shin.

Tchím tú sa tseomra úd, an troscán tromaosta Prúiseach
thart ort agus tú ag saothrú go dian ag tabhairt beatha
na healaíne don treabhlach boithéimeach, réchúiseach

a bhí ar lóistín leat anseo i dtús na dtríochaidí;
na carachtairí ar bhronn tú buanchlú orthu agus báidh –
Mr Norris, Fraulein Schroeder agus *Sally Bowles* álainn na hamaidí.

Tá mé ar leac an dorais agat anois ach tá tionóntaí eile
i mbun an tí, *Weiss* agus *Wagner, Miller* agus *Bretner*,
ach ní hiadsan a fheicim ach tusa; an grinneas úd i do shúile

agus tú ag féachaint orm, gan a dhath le himeacht ort;
an grinneas úd lena dtug tú Beirlin i mblianta thús na broide
chun solais. Beirlin somheallta an tsómais. Beirlin bocht an ghorta.

'*I'm a camera*', a dúirt tú féin agus b'fhíor duit sin go cruinn
óir cheap tú an saol anseo go beo, beatha reatha na cathrach
faoi lionsa líofa na bhfocal agus uair chruaidh na cinniúna

drew nigh; Nazis and their brutish entourage making a name
for themselves; bullying and badgering on the streets;
aggressive demonstrations, defiant assemblies, whipping up of frenzy,

the swagger of it all and Hitler, cock o' the dungheap, crowing all the way
to the Reichstag. You caught it, Christopher,
the city you loved and all her charms going down the drain.

Here I am at your doorstep and though you are but dust of the earth
there's a spring in your step as you rush down the stairs to greet me
 bright eyes brimful of roguery.

And off we go through the streets of Berlin: Eisenacher.
Motzstrasse, Fuggerstrasse, and their numerous bars
with gorgeous blue-eyed untameable boys, Christopher,

the type you always liked, sweet heart,
Otto, Bubi, Heinz; here they come with a welcoming grin.
In this age of licence, no shy wallflowers these

strutting their stuff with the best of them, tattling peacocks
in Blue Boy, Tom's House, Pussycat and Pinnochio.
'Life is a cabaret, old chum', you say before you vanish from my dream.

I salute you, Christopher. How you embraced the world
in those champagne days and nights before Hitler crucified
the gay cabarets, the rumpy-rumpy with fellow-angels.

And when the tyranny was too much to bear
you said goodbye to Berlin, yourself and the heart-melting, gentle Heinz
searching for asylum here, there and everywhere

across Europe and finding no luck;
and when he was arrested in the end, your heart was in smithereens.
And I understand your loss for I, too, know what it is,

buailte léithe; na Naitsithe agus a gcuid bithiúnach ag brú
chun cinn; ag bruíon agus ag borbú troda ar na sráideacha;
na léirsithe namhaideacha, na slógaí dúshlánacha, an sluaghríosú,

an chaithréim bhréige agus Hitler ag bradú a shlí
go dtí an Reichstag. Cheap tú é go léir, a *Christopher*,
an chathair seo ab ansa leat agus í ag cailleadh a gnaoi.

Tá mé ar leac an dorais agat anois agus cé go bhfuil tú i gcré
seo chugam thú ar do sheanléim aerach anuas an staighre
agus rógaireacht éigin ag fabhrú i do shúile glé.

Agus ar shiúl linn fríd na sráideacha seo; Eisenacher,
Motzstrasse, Fuggerstrasse, i measc na mbeáranna flúirseacha
agus a gcuid buachaillí áille, gormshúileacha, fiáin, a *Christopher*,

an cineál a dtug tusa taitneamh daofa ariamh, a chroí,
Otto, Bubi, Heinz; seo chugainn iad, gealgháireach agus fáilteach.
I ré seo an tsaoil réidh ní gá daofa aon cheann faoi

a bheith orthu agus iad amuigh go teasaí, péacach, máilóideach,
sa *Blue Boy*, Tigh Tom, sa *Pussycat* agus i b*Pinnochio*.
'*Life is a cabaret old chum*', a deir tú liom sula n-imíonn tú as mo bhrionglóid.

Ó mo cheol tú, a *Christopher*. Bhain tusa séis cheoil as an tsaol
oícheanta feise fadó sular chuir *Hitler* críoch chéasta le ré
na gCabaret Aeracha is lena mbuachaillí bána; do bhráithre gaoil.

Is nuair nach dtiocfadh leat an tíorántacht a sheasamh níos mó
d'fhág tú Beirlin, tú féin agus *Heinz* caoin, bogchroíoch an cheana
ar aistear an tseachráin agus tú ag lorg tír thearmainn dó

ar fud na Mór-Roinne is gan romhaibh ach doicheall agus diúltú;
agus nuair a gabhadh é faoi dheireadh bhris sé do chroí.
Is tuigim do chaill, a *Christopher*, nó níl mé féin saor ón phianbhrú

what is broken and torn when lovers part;
but you kept going and the light of humanity radiated from your words
flowing gracefully through the vein of narratives.

Here I am at your door, Christopher, the blessed door of solace
for me and others who come here to worship you. You who beatified
our queer lives, here's a word-posy for you, respectfully yours.

Translated by Gabriel Rosenstock

a bhaineann le scaradh bristechroíoch na gcompánach;
ach choinnigh tú ag gabháil, an solas daonna ag dealramh id' fhocail,
an daonnacht ag cuisliú i bhféitheacha do scéil go suáilceach.

Seo mé ar leac do dhorais, a *Christopher*: doras beannaithe an tsóláis
domhsa is do mo leithéidí a thig anseo le tú a adhradh. Duitse, a naomhaigh
ár mbeatha aerach, fágaim pósaí focail síos anseo mar chomhartha ómóis.

THE GLEN'S TONGUE
For Lillis Ó Laoire

1

You are the language Amergin
uttered as he landed
on the surge of the flooding wave
binding Irelands wayward territories
under the spell of his verses
in Scéine's fabled estuary.

You are the war-words
chanted by Cúchulainn
when Ulster was besieged.
The battle-incantation
that pulsed to us in currents
animating generations.

You are the purified dialect of the bards
in the sophisticated court of O'Neill,
the high vernacular of scholars
rich in wisdom's meaning
and you were spoken by learned men
from Munster up to Gleann Dà Ruadh.

You are the sweetness poets chose,
the secret love behind their songs;
the lips of consolation, the breast of plenty,
it was you who spurred their energy;
the maiden that Ó Doirnín lay with,
the beauty Mac Cumhaigh spied at daybreak.

Night and day, wherever I look
it's you I see, imprinted on my heart,
heard in the marrow, understood in the blood.
These words are yours that now offer
nurture to my mind, sustenance to my memory.
Only in you, my love, will I survive.

TEANGA AN GHLEANNA
Do Lillis Ó Laoire

1

Is tú teangaidh Aimhirgin
agus é ag teacht i dtír
go teann ar thonn na díleann
ag cur críocha fáin na hÉireann
faoi gheasa buan a dháin
in Inbhear diamhair Scéine.

Is tú an teangaidh ghaile
a chan Cú Chulainn
agus Cúige Uladh faoi ionradh.
Rosc chatha an ghaiscígh
a chuisligh anuas chugainn
ó ghlúin go glúin, ár ngríosú.

Is tú canúint ard na mbard
i gcúirt sároilte Uí Néill,
béarlagar uasal an léinn
lán de chiall is d'eagna chinn
is tuigeadh tú i measc na suadh
ó Chúige Mumhan go Gleann Dá Ruadh.

Is tú ansacht bhinn na bhfilí,
leannán rúin a gcuid amhrán;
béal an tsóláis, brollach na flúirse,
tusa a spreag a ndúthracht;
an mhaighdean lenar luí Ó Doirnín
agus bé úrmhaidine Airt Mhic Cumhaigh.

Oíche is lá ar feadh mo dhearcaidh
is tusa a chím, do chló sa chroí,
do chiall sa smior, do bhrí san fhuil.
Leatsa na briathra seo atá
ag beathú m'aigne, ag cothú mo chuimhne.
Ionatsa amháin a bhuanaím, a ghrá.

2

'Bring the bottom sod to the top
and you'll waken the seed
that is sleeping underground',
he used to always say
as he worked the soil of his memory
to bring an ancient story
or some verbal gem or other
out into blossom
to make me smile.

I was too young to be nurtured
by the lore stored in the cultivated
loam of his memory
or to realise the fruitfulness
of his fertile mind
and when he was buried
he carried with him into the clay
the stored wisdom of his *dúchas*.

Now here I am turning
into his likeness
day after day
while I turn the soil
in my own small furrow
of the dialect of my people;
striving more or less
to waken towards fruition
the seed of words
hidden in the tilth.

2

'Cuir an fód íochtar in uachtar
is músclófar an pór
atá ina chodladh faoi thalamh',
a déarfadh sé i dtólamh
agus é ag oibriú i gcré a chuimhne
le scéal ón tseanré
nó nath éigin cainte
a thabhairt i gcraoibh
le haoibh a chur ormsa.

Bhí mé ró-óg le leas
a bhaint as an tseanchas
a bhí i dtaiscidh i gcréafóig
thorthúil a chuimhne
nó le meas a bheith agam
ar úire thalún a aigne
is nuair a cuireadh é
thug sé leis chun na cré
fómhar feasa a dhúchais.

Anois seo mé ag gabháil
i gcosúlacht leis
lá i ndiaidh lae is mé
ag tiontú na créafóige
i m'iomaire beag féin
de theangaidh na treibhe;
ag iarraidh a bheag nó a mhór,
an pór atá i bhfolach
in ithir na bhfocal
a bhíogadh chun craoibhe.

3

I am in mourning now
because the smallholdings of language
and the rich earth of *dúchas*
are being let run wild
in the townlands at the top of the Glen.

The tilled land of my people
is being abandoned, while their taming of it,
their labour in the new haggards
of erudition, their fertilisation
of fluent meadows, their long sowing
in the fine tilth of conversation
are fading below the rough forgotten sod
in these five wide fields of my kindred
in the deserted townlands of the Glen.

I am in mourning now
because the young are being raised
dispossessed, bereft of language;
a rootless remnant without pride
surviving on the infertile ground of loss
a generation without soil
in the bare townlands of the Glen.

3

Is é is cúis mo chaointe anois
go bhfuiltear ag ligean
do ghabháltais na teanga
is d'ithir mhéith an dúchais
a ghabháil chun fiantais
i bhfearainn bharr an Ghleanna.

Tá talamh tíre mo mhuintire
á thréigean, an míntíriú is an saothrú
a rinne siad i gcuibhrinn úra
na saíochta, an leasú i ngoirt
na líofachta, an síolchur fada
i gcréafóig mhín na cainte ag gabháil
faoi scraith gharbh an dearmaid
i gcúig achadh seo mo chineáil
i bhfearainn thréigthe an Ghleanna.

Is é cúis mo chaointe anois
go bhfuil an t-aos óg dá dtógáil
ar díth a ndúchais is a dteanga;
dream bocht stoite gan bhród
ag éirí aníos ar thalamh tur an easbhaidh
ina nglúin gan fód
i bhfearainn loma an Ghleanna.

4

Today the old ones rest
in their eternal beds
and a new language has tenure
where their limbs had been settled
for as long as the townland remembered.
Now their land lies fallow
and no longer noted for their eloquence.
They could never have foreseen
the dawning of the day
their language would no longer
hold graceful enduring sway
here in Mín an Leá.

And as with them it won't take long
for your voice and your name
to leave the memory of the living
and for this small holding
you cultivated as a poet
to be left to weeds and to wildness.
Hold your tongue from now, dear heart.
Evening has come upon your day.
You will go into the clay
into the sweet earth of your people
into the loyal soil that helped them hold course
in the time of need, the time of want.

There will be life in the company
when you mingle with the old crowd;
the bony men of lore
the loose-limbed women of stories.
The eloquent kinship of bones!
Breast to bosom, cheek to jaw,
your arms twined together,
you will converse together

4

Inniu tá an seanbhunadh ina luí
i leapacha na n-éag
is tá teangaidh eile i réim
san áit a raibh buanaíocht ag a ngéaga
le cuimhne na seacht nduine.
Anois tá a dtailte amuigh bán
is a n-éifeacht chainte gan iomrá.
Níor shamhlaigh siad ariamh
go dtiocfadh an lá
nach mbeadh a dteangaidh
faoi ghrásta na buanseasmhachta
anseo i Mín an Leá.

Is a ndálta siúd ní rófhada
go mbeidh do ghleosa is d'iomrá
imithe as cuimhne na mbeo
is an píosa beag talaimh seo
a shaothraigh tú mar fhile
imithe i bhfiaile na faille.
Bí i do thost feasta, a chroí.
Tá tú i bhfeascair do lae.
Rachaidh tú i gcré
in ithir mhilis do mhuintire
sa talamh dílis a dtáinig siad i dtír air
in am na díthe, in am an anáis.

Beidh anam sa chuideachta
is tú ag meascadh leis an tseandream;
fir chnámhacha an tseanchais
is mná géagscaoilte na scéal.
Gaolta líofa na gcnámh!
Brollach le hucht, giall le leiceann,
bhur lámha thar a chéile,
dhéanfadh sibh bhur gcomhrá

and forever in that splendid restfulness
in the language used by your people
since they crested the flooding wave
with the bardic son of Míl.

go fada buan i suan na gile
sa teangaidh a chan bhur ndaoine
ó thánadar thar droim na díleann
le Míl is lena mhac, an file.

5

Today, blessed muse,
the briars are blossoming
in the brightness of your beauty.

Branchlets of thyme
wind through every lock and tress
of your fragrant hair.

You were born, dear heart,
of the proud, royal blood
of the old dispensation. You are the language,

majestic, magnanimous,
of the tribe and territory
to which my kin gave grateful fealty.

You were ever the lover
of our poets, the muse who gave meaning
to the tragic epic of our world.

My ancients and my ancestors
never broke faith with you
nor ever stopped praising you.

And from the country of Ó Bruadair
to Raasay of the MacLeods
bardic acclamation was yours.

And through long turbulent centuries
of subjection, you kept the bloom
of beauty in your cheek.

For you are the muse of poetry,
the words of our people's wisdom
and the utterance of our utmost truth.

5

Inniu a bhé bheannaithe
tá na sceacha ag gealadh
i ngile do scéimhe.

Craobhóga beaga tíme
atá i ngach dlaoi de dhlaíóga
cumhra do chúil.

Shíolraigh tú, a chroí,
ó ríshliocht uaibhreach
an tseanreachta. Is tú teangaidh

mhaorga, mhórchroíoch
na tíre is na treibhe
dár ghéill mo chineál go buíoch.

Ba tú ariamh leannán gaoil
na bhfilí, an bhé a thug brí
do dhán doiligh an tsaoil.

Mo sheana is mo shinsir
níor shéan siad a ngaol leat
ach iad i do mhóradh go síor.

Is ó dhúiche Uí Bhruadair
go Ratharsair na Leodach
bhí tú faoi ghradam ag baird.

Is trí chianta fada corracha
na gallsmachta, choinnigh tú snua
na háilleachta i do ghrua.

Óir is tusa bé na filíochta,
éifeacht eagna ár gcine
agus béal binn ár bhfírinne.

6

And it is you, dearest one, who added
the grace-note, the untamed note
to the plaintive music of our yearning.

You are the downy bed
of love, the soft mattress of sighs,
the blanket of secret pleasure.

Midwife of poetry,
nurse of the light,
mother of dawning day,

here we are together
through weal and through woe
in want and in plenty.

When my emotions, dear heart,
are brimming over
it is you who flows

because you are the pulsing water
of my breast, the hillside spring
which fills with understanding.

And you bestow on me words
more splendid and more precious
than any royal jewels.

I have no further desire now
than to ride together with you
on the swift horse of the imagination.

Sweet muse of enlightenment,
let's away sky-riding all over
the far out ways of the future.

6

Agus is tusa, a mhian, a chuir
an nóta maise, an nóta fiáin,
i gceol cráite ár mianta.

Is tú leabaidh chlúimh
na seirce, tocht bog na n-osnaí,
pluid rúin an phléisiúir.

A bhean glúine an dáin,
a bhean cíche an tsolais,
a mháthair an mhaidneachain,

seo muid i gceann a chéile
trí shéan is trí léan
in easbhaigh agus i bhféile.

Nuair a bhímse, a chroí,
ag cur thar maoil asam féin
is tusa a bhíonn ag sní

óir is tusa chuisle uisce
mo chléibh, an fuarán sléibhe
a bhrúchtann le tuigse.

Is bronnann tú orm briathra
níos soilsí is níos luachmhara
ná seodra na corónach.

Ní háil liom a dhath feasta
ach a bheith ag gluaiseacht leatsa
ar each luais na samhlaíochta.

A bhé bhinn na feasa, seo linn
ar aistir na haeraíochta amach
bealach aisteach na todhchaí.

7

I remember you well, Charlie,
gentle, kind-faced, courteous.
You would always have an ear-to-ear-smiling word
for me on my way to school.
Your house stood just off the road.

My bag of books across my child's shoulders,
a sod of turf under my arm and carrying by far
the heaviest burden in my childish psyche;
my greatest terror being that seven devils might be
beaten out of me in the Brute's class, not unusual

in those days of the stick. But you had my back, Charlie.
I can see you standing at the top of the field
on a summer's morning and me dawdling
on my way to school, the tears brimming.
You made straight over to me, you lovely man.

And you gripped me by my hand, by my shoulder.
You looked piercingly at me and there and then I knew
that you knew what was tormenting me. 'Don't be a bit afraid',
you said sympathetically, stroking my head.
'You'll come through. The prize is up ahead, and you'll get there.

The pain will pass, but the learning will last'.
Charlie, that day still holds strong in my memory.
Your encouragement bolstered me to stick with the books.
And although the Brute said I'd never do a day's good,
you knew, Sweeney boy, that the wide world will not contain the mind.

But listen, what fairy grass did you walk on, dear heart,
when your mind strayed in the autumn of 1963;
when something blotted out every clear insight and every ray of light
that shone in your mind, and left you from then on in the black depths?
I cried my eyes out on that darkest of days.

Is cuimhneach liom tú go maith, a *Charlie*,
a fhir shéimh, chaoinghnúisigh, bhéasaigh.
Labharfá liom i gcónaí, aoibh go dtí na cluasa ort
agus mé ar mo bhealach chun na scoile.
Bhí do theach ar leataobh an bhealaigh mhóir.

Mála leabhar thar mo ghualainn anabaí,
fód móna faoi m'ascaill is an t-ualach ba troime
ar fad a iompair agam i mo mheabhair leanbaí;
an rud ab' eaglaí liom faoin spéir go mbuailfí
mo sheacht lear orm i rang na Brúide, rud nárbh annamh

i ré úd na slaite. Ach bhí tusa ag tacú liom, a *Charlie*.
Tchím tú i do sheasamh i gceann an chuibhrinn
maidin shamhraidh agus mé ag déanamh moille
ar mo bhealach chun na scoile, deora le mo shúile.
Rith tú i leith do chinn chugam, a fhir álainn.

Is d'fháisc tú greim láimhe orm is greim gualainne.
Dhearc tú mé go grinn agus bhí fhios agam an lá sin
gur tuigeadh duit caidé a bhí do mo chrá. 'Ná bíodh eagla ort',
adúirt tú go cineálta agus tú ag slíocadh mo chinn.
'Tiocfaidh tú fríd. Tá do leas romhat agus béarfaidh tú air.

Imeoidh an phian ach mairfidh an léann'.
Tá meabhair mhaith agam ar an lá sin go fóill, a *Charlie*.
Thug d'fhocla misnigh uchtach domh coinneáil leis na leabhair.
Agus cé gur dhúirt an Bhrúid nach mbeadh lá foráis orm go brách,
bhí fhios agatsa, a Mhic Uí Shuibhne, nach leithne an t-aer ná an aigne.

Ach cogar, caidé an fód seachráin ar shiúil tú air, a chroí,
nuair a chaill tú do mheabhair i bhfómhar na bliana 1963;
nuair a cuireadh as gach léargas glinn is gach léaró solais
a ghealaigh d'inchinn is a d'fhág tú feasta sna duibheagáin dhubha.
An lá léanmhar úd chaoin mé uiscí mo chinn.

O you strong, broad-backed, handsome, beaming man,
you retreated into yourself, you shrank your life to fit
between the four corners of the house. Twenty-nine years, Charlie,
you lived under the secret yoke of sorrow, nobody but
your sisters permitted to lay an eye on you.

Twenty-nine years you spent in the hard station of the mind,
twenty-nine years fading from the mind of your own people.
Now I often ponder how things turned out for us, Charlie:
how you went missing into yourself in the fairy-mound of sorrow
and how I succeeded in fleeing that same place, my brother.

A fhir láidir, droimleathan na haoibhe is an ghnaoi
chúlaigh tú isteach ionat féin, chúngaigh tú do shaol
idir ceithre cúinní an tí. Naoi mbliana fichead, a *Charlie*,
a mhair tú faoi chuing rúin an bhróin, gan chead ag éinne
ach amháin do dheirfiúracha súil a leagan ort.

Naoi mbliana fichead a chaith tú ansiúd i gcruachás na haigne,
naoi mbliana fichead ag imeacht as aithne do dhaoine.
Anois is minic ag meabhrú mé ar dhála ár ndáin, a *Charlie*:
mar a chuaigh tusa as láthair ionat féin i lios an léin
is mar a tháinig liomsa a theacht as an lios chéanna, a bhráthair.

8

I see her still, the scarlet of rowanberries flowering
in her cheeks and she had, although she was getting on,
a young look about her. A pious old woman who sang
the glory of God and Gospel. 'May my voice not falter',
she'd say, 'until I blossom and bloom again in Him'.

I see her in the mind's eye, a gleam like morning dew
haloing her features, illuminating her sacred speech.
'Your father speaks through you, and your mother prays', she says kindly
as we chat at the side of the road. 'You're being well nurtured'.
I absorb her words, her Gaelic succulent as berries on the branch.

I see her walking, a black shawl wound around her head
on a Sunday morning returning from Mass.
'It won't be long before the angels come for me',
she says genially, breathless from the rising slopes.
'They're within easy reach now with the help of God'.

So here's me now and the world grown threatening
and me with no great faith in the rigid God of the Evangelists.
I renounced his rites, transgressed against his customs, gave fealty
to the Gods of Creation; to those to whom my people bowed
before Christ came to be. But Kitty, dearest Kitty,

I did not abandon the divine tongue, the pagan tongue
that flowered and fruited in your speech, and though it may be
that it withers now where it blossomed rampantly in your day,
it is to it I pledge allegiance, to it I bend my knee.
Your tongue, Kitty, the utterance of the muse and the speech of my Gods.

8

Tchím í go fóill, caor dhearg an chaorthainn i mbláth
a leicinn agus in ainneoin go raibh sí anonn i mblianta
bhí sí ógánta ina cuma. Seanbhean dhiaganta a chan
glóire Dé is a Shoiscéal. 'Níor lagaigh sé ariamh mo ghuth',
a déarfadh sí. 'Go dté mo bheatha i mbláth is i mbiseach Dó'.

Tchím í m'aigne, drúcht glé na maidine ag dealramh chugam
as a ceannaithe beannaithe, as a caint dhiaga.
'Is tú cré d'athara agus paidir do máthara', a deir sí go ceansa
agus muid ag comhrá cois bóthair. 'Tá tú ag fáilt tógáil mhaith'.
Éistim léithe, a cuid Gaeilge chomh súmhar le sméara na gcraobh.

Tchím í sa tsiúl, seál dubh casta ar a cloigeann
maidin Domhnaigh agus í ag pilleadh ón Aifreann.
'Ní bheidh i bhfad go dtiocfaidh na haingle fá mo choinne',
a deir sí go dáimhiúil, brú anála uirthi ag tógáil na malacha.
'Níl siad i bhfad ó láimh anois le cuidiú Dé'.

Seo anois mé is an saol ag teacht géar orm féin
is gan aon rómhuinín agam i nDia righin an tSoiscéil.
Shéan mé a ghnása, sháraigh mé a bhéasa, ghéill mé
do Dhéithe na nDúl; dóibh siúd ar umhlaigh mo chineál
roimh theacht do Chríost. Ach a Chiot, a dhuine dhil,

níor thréig mé an teangaidh dhiaga, an teangaidh phágánta
a bhí i mbláth a toraidh i do chuid cainte agus cé
go bhfuil sí ag meath san áit a raibh sí líofa, craobhach le do ré,
is díthe a thugaim mo dhílseacht, díthe a shléachtaim glúin.
Do theangaidh, a Chiot; béal na bé agus urlabhra mo Dhéithe.

9

The words would rise
from the meadow of his mouth
like musical notes
lightened with wings
as he recited a story.

There would be an ambience of air
and wonder all through the house –
the sphere of mystery
delighting us, the mountainy
pastures of the little people.

And the lilting strain of his story
lifting us out of ourselves,
transporting us away
out of our sombre lives
to the splendour of the far-flung sun.

10

She was the fair maid milking the cows
out on dewy lawns of morning
doling milk out of white jugs
the soul-nurture of my people's choice.

But the way things are today
she's just about hanging on;
between the fast food of *An Greim Gasta* and *Sergeant Pepper's*
there she goes, astray in the fog.

9

D'éiríodh na focail
as míodún a bhéil
amhail nótaí ceoil
a mbeadh eiteoga fúthu
agus é ag inse scéil.

Is bhíodh amharc aeir
is iontais ar fud an tí –
limistéir na mistéire
ár n-aoibhniú, féaraigh
sléibhe an tslua sí.

Is séis cheoil a scéil
ár dtógáil asainn féin,
ár dtabhairt ar shiúl
ó dhúlaíocht ár mbeatha
chuig gile na gréine i gcéin.

10

B'ise cailín deas crúite na mbó
amuigh ar bháinseach úr na maidine
ag dáileadh bainne as crúiscíní geala,
an cothú intinne ab áil le mo chine.

Ach anois ar na saolta deireanacha seo
níl ann ach go bhfuil sí fós beo;
idir an Greim Gasta agus *Sergent Peppers*
siúd í ag imeacht gan treoir sa cheo.

11

There's a boat on the shoreline
disintegrating
in the hissing and foaming
of the overwhelming sea.
She won't sail again.
She'll bring nobody back home again.

12

She has been learning Irish
off her own bat for a month
from the internet and from old dictionaries
she bought from a student
who did away with himself later in Berlin.
But all she has so far
is English disguised
as Irish. All words, no heart.
An in-between, a spectral language,
inanimate.

'Irish is sanguinely difficult,
she says. 'I do not possess the initial clue
in relation to grammar, I fear'.

She looks over towards
the brindled hillside of Cnoc Breac
and with a flash of insight
she sees it as an old cow,
her head down, drinking water
from a stagnant bog-pool.

11

Tchím seanbhád ar an trá
agus é ag titim as a chéile
i ngal agus i ngaile
mhórchumhachtach na mara.
Ní sheolfaidh sé níos mó.
Ní thabharfaidh sé éinne 'na bhaile.

12

Bhí sí ag foghlaim na Gaeilge
le mí dá leointe féin
ón idirlíon agus ó sheanfhoclóirí
a cheannaigh sí ó mhac léinn
a rinne ar shiúl leis féin i mBeirlin.
Ach ní raibh aici go fóill
ach an Béarla i mbréagriocht
na Gaeilge. Teangaidh gan chroí.
Teangaidh thaibhsiúil, idir eatarthu,
gan bhrí.

'Tá Gaeilge fuilteach crua',
a deir sí. 'Níl tuairim lag agam
faoi gramadach is trua'.

Féachann sí anonn i dtreo
an Chnoic Bhric
is le tréan tuigse
samhlaíonn é le seanbhó,
a ceann faoi ag ól uisce
as díobhóg mharbh portaigh.

13

No matter how far
abroad I go;
no matter how deep
I plunge myself
into thought-streams from abroad
it is here my poem takes on meaning
in these small townlands
between the mountains and the moors
where my people scraped sustenance, built shelter.

This is the land my people shaped,
the territory of their hard work.
Here my tongue can speak
to peak and to pasture,
to hillside and haggard;
a tongue that empowers me
to settle myself in their company
and to convoke them with respect
as my people have ever done.
Here I'm at my ease
while I trace family ties
to the people, to the earth.

13

Is cuma cé chomh fada
is a théim i gcéin;
is cuma cé chomh doimhin
is a thomaim mé féin
i dtuairimíocht ón imigéin
is anseo atá brí mo dháin
sna bailte beaga fearainn seo
idir na cnoic agus na caoráin
san áit a bhfuair mo bhunadh cothú agus dídean.

Seo taobh tíre mo mhuintire,
fearann a ndúthrachta.
Anseo tá teangaidh agam a labhrann
le mín agus le mullach,
le cnoic agus le cuibhreann;
teangaidh a thugann údarás domh
mé féin a fhódú ina gcuideachta
is iad a ghairm chugam le meas
mar a rinne mo dhaoine le sinsearas.
Anseo bím ar mo shuaimhneas
agus mé ag déanamh ginealais
le treibh agus le talamh.

14

I met a young American from Missouri
tonight in *Toigh Ruairí*.
Dannie Luigi Friel-Dalaski.
A tall, rangy, slim young man.
He was checking out his background and relations
here in *Cloch Cheann Fhaola*.

He had always heard that his people
had been evicted during The Great Famine
but that the cleverest of the family,
Dan Mór Ó Frighil, had managed
to make off to Pittsburgh, Pennsylvania.

He was one mighty giant of a man
according to the family lore. It was from him
Dannie was descended and he had the sign of it.
There was an Italian branch from Calabria
as well and a Jewish branch from Lithuania.

Dannie Luigi Friel-Dalaski.
The confluence of bloodstreams
and the convocation of genealogies.
He was searching for who he is
in the multi-voiced omni-bred family
he came from. The rollercoaster of his descent
was evidently agitating his mind.
But in time, he was convinced,
he would come upon the person
he was genetically programmed to be.

He asked me
how would you say in Gaelic
'Patience is always rewarded'.

14

Casadh Meiriceánach óg as *Missouri*
orm anocht thíos Toigh Ruairí.
Dannie Luigi Friel-Dalaski.
Ógfhear ard, cnámhach, caol.
É ag fiosrú a chúlra is a lucht gaoil
anseo i gCloch Cheann Fhaola.

Chuala sé ariamh gur cuireadh a bhunadh
as seilbh am An Drochshaoil
ach gur éirigh leis an té ab éirimiúla
den chlann, Dan Mór Ó Frighil,
a ghabháil go *Pittsburgh, Pennsylvania.*

Crann de fhear a bhí ann de réir
seanchas an teaghlaigh. Uaidhsean
a shíolraigh *Dannie* agus an chuma sin air.
Bhí craobh Iodálach as *Calabria*
ar an chrann ghinealaigh fosta
agus géag Ghiúdach as *Lithuania.*

Dannie Luigi Friel-Dalaski.
Suim fola na gciníocha
agus comhthionól na nginealach.
Bhí sé ag lorg cé hé féin
sa tslua ilghuthach, phórghnéitheach
as ar gineadh é. Bhí fuilabiliú a dhúchais
is cosúil ag tógáil bruíne ina aigne.
Ach le ham, bhí sé cinnte,
go dtiocfaidh ar an duine
a ba dual dó a thabhairt ina iomláine.

D'fhiafraigh sé domh
caidé mar a déarfá i nGaeilge.
'Patience is always rewarded'.

Remembering his Jewish background
I straightaway thought of the saying that translates as
'Time and the weather will bring the snail
to Jerusalem'. The step by step
explication of the words
squeezed a laugh out of him.
'I hear you, man, sweet and clear.
I want to live your language.
Big Dan Friel spoke Gaelic.
I carry the memory of it in my ears'.

I suggested that he should make off to
Baile na Bó, Oirthear Dhumhaigh
as well as *Doire Uí Fhrighil*.
People of his surname, of the *Ó Frighil*
lineage, were living there still.
He asked me then
about the meaning of those place-names
and when I had elucidated
the secrets of the townlands, says he,
jokingly, 'Hey man, that was awesome.
You really know how to get the jinn
out of the *Dinnseanchas'*.

I wished him a safe journey while he sat
eating Chicken Tandoori
and drinking bitter black tea
in the Indian restaurant in *Toigh Ruairí*.
Dannie Luigi Friel-Dalaski –
a drift of smoke from the kitchen rising towards him
like the host of the dead.

Ag cuimhniú ar a chúlra Giúdach
tháinig an nath seo liom láithreach.
'Am agus aimsir, bhéarfadh sé an seilide
go Iarúsailéim'. Ag míniú éirim
na bhfocal dó, céim ar chéim,
bhain a mbrí géim gháire as.
'I hear you, man, sweet and clear.
I want to live your language.
Big Dan Friel spoke Gaelic.
I carry the memory of it in my ears'.

Mhol mé dó a ghabháil
go Baile na Bó, go hOirthear Dhumhaigh
agus go Doire Uí Fhrighil.
Bhí daoine dá shloinneadh, bunadh
Uí Fhrighil, ina gcónaí ansiúd go fóill.
Cheistigh sé mé ansin
faoi bhrí na n-ainmneacha áite sin
agus nuair a bhí rún na mbailte fearainn
tugtha chun solais agam, arsa seisean,
ar son grinn, *'Hey man, that was awesome.*
You really know how to get the jinn
out of the Dinnseanchas'.

D'fhág mé slán aige agus é ina shuí
ag ithe sicín *tandoori*
agus ag ól tae dubh searbh
i mbialann Indiach Toigh Ruairí.
Dannie Luigi Friel-Dalaski –
gal toite ag éirí chuige ón chistineach
ar nós slua na marbh.

15

'My son is in Melbourne and my daughter in Sydney.
Every Sunday I have a chat with them.

The way things are now, there's no living to be got here
but the luck follows them out in Australia.

Freddie works in the mines and Sally's teaching.
I'm lonely after them but what's to be done?

I should be thankful. I have Skype for a few months.
I don't know what on earth I'd do without it'.

And we both think of the generations who left here long ago
when there was no phone, never mind a video link

to keep people in touch with themselves
when they're scattered to the far four corners.

We think of the exiles who turned their back on *dúchas*
and never wrote even a line home to their people.

'My two wouldn't speak their own language at home.
Now they're spouting out Irish when they're away'.

16

When you begin to sing, dear heart,
a song in the old *sean-nós* way
I no longer feel our language
is at a low point, or dying but even more
miraculously emerging from
the vibrant pulse of the music
transfigured by the loveliness of youth.

15

'Tá mo mhac i *Melbourne*, m'iníon i *Sydney*.
Bím ag comhrá leo i gcónaí Dé Domhnaigh.

An dóigh a bhfuil rudaí anois, níl a dhath le saothrú anseo
ach amuigh in *Australia* tá an t-ádh ag siúl leo.

Tá *Freddie* ag obair faoi thalamh, is tá *Sally* ag múineadh.
Tá cumhaidh orm ina ndiaidh ach caidé atá le déanamh.

Ba chóir domh a bheith buíoch. Tá *Skype* agam le cúpla mí.
Níl fhios agam faoin Rí, caidé a dhéanfainn ina easbhaidh'.

Is cuimhnímid beirt ar na glúnta a d'imigh as seo fadó
nuair nach raibh guthán, chan amháin ceangal bhideó

le daoine a choinneáil i dteangbháil lena chéile
agus iad scaipthe ar an fhán fada i bhfad ó bhaile.

Agus orthu siúd a thug a gcúl lena ndúchas ina mbeatha úr
is nár chuir go fiú litir fholamh abhaile chuig a mbunadh.

'Ní labharadh mo bheirt féin a dteangaidh agus iad sa bhaile.
Anois tá fuadar cainte orthu i nGaeilge agus iad i dtír eile'.

16

Nuair a chanann tusa, a chroí,
amhrán ar an tsean-nós
ní mhothaím go bhfuil ár dteangaidh
in ísle brí ná ag fáil bháis
ach níos iontaí fós dúisíonn sí
as cuisle bhríomhar an cheoil
agus gnaoi na hóige ar a gnúis.

17

In this in-between season
    that's neither autumn nor winter
      it is neither raining nor dry.

A mizzling fog all through the day,
    a lowering sky and the world narrowing.
      A swollen, flabby cloud

traverses the mountain from Gleann Bheithe,
    a blob of pallid dead light.
      From an outcrop on Mín Bhuí

I see crows perched clamorously
    on the electric wires of the Glen.
      Black hags you would think

to see them silhouetted there before you.
    The moorland is changing colour, turning
      from shades of yellow to russet brown.

There's a grasshopper in the meadow
    keeping up a plaintive out-of-season drone.
      Mary's dog is trying to hump a goat.

On the bog roads of Na Malacha
    there are old cars, a washing-machine
      and tin cans disintegrating,

rusting away towards nothingness
    in stretches of sedge and fog.
      A drowned sheep stares at me from a living eye.

In Baile an Gheafta, I sink into a spongy hole
    where bog-deal has lain. I limp my way home,
      a sliver of ancient pine for a crutch.

17

Sa tséasúr idir eatarthu seo
    nach bhfuil ina fhómhar ná ina gheimhreadh,
    níl sé ag cur ná ina thuradh.

Ceo bháisteach ar feadh an lae,
    an spéir ag ísliú is an domhan ag cúngú.
    Tá néal mór bogshéidte

ag trasnú an tsléibhe ó Ghleann Bheithe,
    bogán lán de mharbhsholas bán.
    Ó starrán binne ar an Mhín Bhuí,

tchím cága ina suí go callánach
    ar shreanga leictreacha an Ghleanna.
    Shamhlófá cailleacha dubha leo

agus iad ansiúd idir tú agus léas.
    Tá na caoráin ag athrú datha, ag tiompú
    ó bhuí riabhach go deargrua.

Tá dreoilín teaspaigh sa mhíodún
    ag ceolánacht go cumhúil as séasúr.
    Tá madadh Mhary ag reithíocht ar ghabhar.

Ar bhealach portaigh na Malacha
    tá seanghluaisteáin, meaisín níocháin
    agus cannaí stáin ag titim as a chéile,

ag meirgiú agus ag gabháil ar ceal
    i gcíbleach féir agus i gceo.
    Tá caora bháite ag stánadh orm le súil bheo.

I mBaile an Gheafta, téim in abar
    i bpoll maide. Siúlaim 'na bhaile go bacach,
    stumpa giúise ón tseanré liom mar bhata croise.

18

Gráinne dropped in to me where I was
drinking tea in the *Fulacht Fiadh* in *Fál Carrach*,
full of the breathless talk of young people.

'Bhí me ar *holidays in Orlando*',
she gushes in her early contemporary Irish,
'*so expensive*. Chaithfeá *fortune in no time*.

Tá Jason s'againne ag *chefáil* ansin.
Bhí mé cúpla lá i bPhiladelphia fosta
le *hello* gasta a rá le *Stephanie Sweeny*.

Tá *stagparty* ag an *weekend* i *Voodoo's*
do *Danny Diver*. Tá *lads* an *town* wild *excite*áilte
Caithfidh mé *scoot*áil. Ta mamaí in *Something Fishy*.

Now at a time when Irish has ants in its pants
you have to settle your language somewhere
between the *Fulacht Fiadh* and Something Fishy.

Keep a good hold of your head, dear heart,
I remind myself as I'm wandering the almost primitive
old-fashioned street of *An Fál Charrach*.

Look at me now between blindness and darkness,
astray in the wide open spaces of my native place
between *An Mhín Bhuí* and *Baile an Gheafta*.

Away with the fairies between Meenboy and Gaytown,
in these ancient townlands that are lost in the fog
between two tongues, and really, between two worlds.

Translated by Paddy Bushe

18

Chorr Gráinne isteach chugam agus mé
ag ól tae san Fhulacht Fiadh ar an Fhál Charrach,
í lán de fhánaíocht cainte na n-óg.

'Bhí mé *ar holidays in Orlando'*,
a deir sí go croíúil ina chuid nua-Ghaeilge mhoch.
'*so expensive.* Chaithfeá *fortune in no time.*

Tá Jason s'againne ag *chefáil* ansin.
Bhí mé cúpla lá i bPhiladelphia fosta
le *hello* gasta a rá le *Stephanie Sweeney.*

Tá *stagparty* ag an *weekend* i *Voodoo's*
do *Danny Diver.* Tá *lads* an *town wild excite*áilte.
Caithfidh mé *scoot*áil. Tá mamaí in *Something Fishy'.*

In aois chorrthónach seo na Gaeilge,
caithfidh tú do theangaidh a sháimhriú áit inteacht
idir an Fulacht Fiadh agus *Something Fishy.*

Bíodh greim agat ar do chiall, a chroí,
a deirim liom féin agus mé ar strae i sráid
ré fhiáin, sheanghnéitheach an Fháil Charraigh.

Seo anois mé idir dall agus dorchadas,
ar fán i bhfód fairsing mo dhúchais
idir an Mhín Bhuí agus Baile an Gheafta.

Ar seachrán sí idir *Meenboy* agus *Gaytown*,
sna bailte cianaosta seo atá caillte sa cheo
idir dhá theangaidh, agus leoga, idir dhá shaol.

HARVESTING

There you are swinging the scythe,
me beside you making the bundles firm,
the two of us harvesting,
a sunny evening in Páirc na Díobhóige.

The rose-oil of light makes the hills
and the fields all splendid;
you perspire, your beautiful young face
as perfect as an ear of corn, my darling.

Soon night will spread its secret cloak
over the narrow gossiping villages
when you and I go harvesting
in our own sweet field together.

Translated by Gabriel Rosenstock

AG DÉANAMH FÓMHAIR

Seo tusa ag oibriú na speile
mise le do thaobh ag teannadh sopóige;
an bheirt againn ag déanamh fómhair
tráthnóna gréine i bPáirc na Díobhóige.

Ola róis an tsolais ag cur aoibhnis
ar na cnoic is ar na cuibhrinn;
tusa ag cur allais, d'aghaidh óg álainn
ar dealramh buí an choirce, a chumainn.

Ar ball spréifidh an oíche a brat rúin
thar bhailte beaga cúnga an bhéadáin,
tráth a mbeidh mise agus tusa ag déanamh fómhair
inár ngort clúthair féin go lá.

MANDELSTAM ON HIS DEATHBED

I challenged the mob
that dismissed poetry
as a feckless hobby.

I spoke of things
forbidden to be told
in this time of infamy.

Stalin, czar of horror,
drew my blood
for exposing his twisted ways.

But from my death wounds
words will flow in a spate of truth
to damn him for all eternity.

I challenged the tyrant
that suppressed my writings.
My songs will be sung when he lies dumb in the earth.

Translated by Gabriel Rosenstock

MANDELSTAM AR LEABAIDH A BHÁIS

Thug mé dúshlán na droinge
a dúirt nach bhfuil i bhfilíocht
ach caitheamh aimsire gan éifeacht.

Labhair mé ar rudaí a raibh sé
crosta orainn trácht orthu
i ré seo na hurchóide, ré seo na héagóra.

Is bhain *Stalin*, aintiarna an uafáis,
fuil an díoltais asam
as a mhíghníomhartha a nochtadh.

Ach as créachtaí mo bháis tiocfaidh
sileadh focail, tuile thréan na fírinne
a dhéanfas é a dhamnú go síoraí.

Tugaim dúshlán an tíoránaigh
a chuir chosc ar mo shaothar.
Canfar mo dhán is a ainm siúd i léig.

ó

AIMSIR ÁRSA
(Arlen House, 2013)

SPEAKING TO LI BAI
For Stephen Rea

I'm of that age now,
those declining years,
that I can converse
with you, precious one,
across the abyss of the years.

I'm sipping wine, sitting
out under the stars
on a crisp, early autumn night –
your book spread before me.
In vino veritas, you observe,

as I take joy in the juice of the golden
yellow apple of the moon
that is filling towards ripeness
over there on the summit of Errigal.
Wine ferments its own verse,

as you yourself know, dear heart,
who gave yourself to drinking and music.
The divine dissipation of Art!
And so you freed your mind
from the world's fetters and fastenings.

I think the world of you,
you most convivial of *viveurs*,
vagrant versifier, oracle of opposition,
who burst through custom, whose only loyalty
was to the business of poetry.

I want to assert
our pulse in common
when both of us celebrate
this world that does not abide.
Here's a world of trouble! A world of dreams!

LABHRAIM LE LÍ PÓ
For Stephen Rea

Tá mé san aois sin anois,
ré na seanaoise
go dtig liom mo chomhrá
a dhéanamh leatsa, a mhian,
tar dhuibheagán na gcianta.

Mé i mo shuí ag ól fíona
amuigh faoin spéir
oíche shoiléir i dtús an fhómhair –
do leabhar os mo chomhair –
Tá fios i bhfíon, a deir tú,

agus mé ag baint sú as úll
órbhuí na gealaí
atá ag teacht i gcraobh
ansiúd ar bharr an Eargail.
Cruthaíonn fíon a fhilíocht féin,

mar is eol duitse, a chroí,
a d'imigh le hól is le ceol.
Drabhlás diaga na hÉigse!
Ar an tslí sin scaoil tú saor d'aigne
ó ghlais is ó gheimhle an tsaoil.

Sílim a mhór duit,
a fhir lán de mheidhir,
a fhánaí na ndán, a fháidh an dúshláin,
a bhris gach gnás is nár fhan dílis
ach amháin do chúram an dáin.

Ba mhaith liom a mhaíomh
go bhfuil cuisle ghaoil againn
le chéile agus muid beirt ag ceiliúradh
an tsaoil seo nach bhfuil seasamh ann.
Saol na trioblóide! Saol na brionglóide!

You lived in interesting times,
ethnic wars, border wars,
conflict and destruction throughout the Kingdom.
You placed your trust in poetry,
as I did, for your salvation.

And you wandered through your world
travelling with restless clouds
over mountains and rivers,
sending joyful screeches to the wild geese
and having lunatic conversations with the moon.

Tonight, airy with wine,
I hear the Yellow River of poetry
flowing between the banks of the page.
There you go in the moonlight.
With my poem, I send you salutations

across the abyss.

Translated by Paddy Bushe

Bhí tú beo i dtréimhse doiligh,
dreamanna ag troid fá chríocha,
cogadh agus creach ar fud na Ríochta.
Chuir tusa do dhóchas i ndánta,
mo dhálta féin, le tú a thabhairt slán.

Is chuaigh tú le fán an tsaoil,
ag triall le scamail shiúlacha
thar sléibhte is thar aibhneacha,
ag ligean liúnna áthais leis na géanna fiáine
is ag comhrá go gáifeach leis an ghealach.

Anocht is mé bogtha le fíon
cluinim Abhainn Bhuí na filíochta
ag sní idir dhá bhruach an leathanaigh.
Siúd tú faoi sholas na gealaí.
Le mo dhán, beannaím duit

thar an duibheagán.

Li Bai in Mín an Leá

For a month it's been dry
but today, auspiciously enough,
there were three bursts of rain,
which almost brought tears
of celebration to my eyes
when my vegetables were tendered,
three stimulating libations of April.
Now they're on safe ground.

There is nothing sweeter
than a growthy shower in Spring
to give a saturation
of kisses to the roots
and to bring a greeny beaming
to young, soft growth,
to stem and to branch,
to leaf and to bud.

And, just like them, my own
heart stirred, that has been dull
and dry since we parted,
since you went abroad from me,
everything within me stirred
and softened with joy
when I got your letter
just now, my love.

The soft shower of words
is falling smilingly within me
as I read what you wrote,
so that my eyes, dearest,
are overflowing
thinking of the goodness in your voice
just like this water barrel
at the gable, that had been empty for a month

LÍ PÓ I MÍN AN LEÁ

Le mí tá sé ina thriomlach
ach inniu, ádhúil go leor,
rinne sé trí ráig báistí,
rud a d'fhág an deoir
i ndeas don tsúil agam le gairdeas
nuair a fuair mo chuid glasraí
trí dheoch spreagúil d'Aibreán.
Tá siad anois ar thalamh slán.

Níl a dhath níos deise
ná cith fáis an Earraigh
le deochadh póg
a thabhairt do na rútaí
is le haoibh na glaise
a chur i bhfás bog óg,
i ngas agus i gcraobh,
i nduilleog agus i mbachlóg.

Agus a ndálta siúd, bhíog
mo chroí féin a bhí tur
agus tirim ó scar muid,
ó d'imig tú uaim i gcéin,
bhíog agus bhog a raibh
istigh ionam le lúcháir
nuair a fuair mé do litir
ar ball beag, a chuid.

Tá fearthainn bhog na bhfocal
ag titim ionam go haoibhiúil
agus mé ag léamh do scríbhinn
ionas go bhfuil mé, a stór,
lán amach thar an tsúil
le suáilcí do ghlóir
amhail tobán seo an uisce
ag binn an tí, a bhí folamh le mí

and that is now full to the top
and flowing out,
I am brimming over
with your words of love.
It's no wonder that
the vegetables and myself
are concelebrating. They and I alike
are soaked in affection, in happiness.

Translated by Paddy Bushe

is atá anois líon lán
agus ag sileadh,
tá mise ag cur thar maoil
le d'fhocail ceana.
Ní hiontas ar bith go bhfuil
mé féin agus na glasraí
ag déanamh gairdis. Tá muid araon
ar maos i ngean is i ngnaoi.

BENFEITA, PORTUGAL
For Moya Brennan

Here the brightness of sunlight commands me
streaming down from the blue hillocks of sky –
grace and shapeliness of angels from an age gone by.

It sits awhile on humpy red roofs
until it catches its breath once more
after its long journey to earth's shore.

It quietly dips in the river, its regal body –
glistening all over – sings,
and the waters are beatified by its limbs.

It befriends the old lime-washed houses,
nestling among them with an embrace –
see now the vigour where once was a sickly face.

All of its bountiful gifts it spreads evenly, generously,
among olives, grapes and plums; all the while
back gardens are wreathed in a heavenly smile.

When night falls it curls up in the green lap
of trees, slumbers peacefully alone
nodding off to a gentle insect drone.

My love for ever, my fairy wooer
capturing my heart in gold and green
how I trust each glowing atom and stately mien.

And oh how I shall miss you when I go –
for with honey I have been kissed –
bound once more for the foggy isle of mist!

Translated by Gabriel Rosenstock

BENFEITA, AN PHORTAINGÉIL
Do Moya Brennan

Anseo tá mé faoi gheasa ag an tsolas ghlé
a thig chugainn ó ardaibh gorma na spéire
chomh grástúil, dea-chumtha le haingeal ón tseanré.

Suíonn sé seal ar dhronn dearg na ndíonta
go dtí go bhfaigheann sé a anáil ar ais
i ndiaidh a thriallta fada thar achar na gcianta.

Go ciúin tomann sé san abhainn, a cholainn ríoga
ag spéacharnaigh roimhe agus ina dhiaidh;
niamhraíonn sé an t-uisce lena ghéaga diaga.

Déanann sé croí isteach le seantithe aoldaite na háite,
á gcuachadh is á muirniú sa chruth
go dtig gnaoi na gile i ngach gnúis a bhí breoite.

Spréann sé a thíolacthaí fáis go fial is go flaithiúil
i measc na n-ológ, na gcaora fíniúna, na bplumaí.
Cuireann sé luisne ghréine i gcneas na ngairdiní cúil.

Le teacht na hoíche cuachann sé suas i mbachlainn ghlas
na gcrann agus téann a chodladh go sochmaí,
bogcheol na bhfeithidí á thionlacan go deas.

Eisean mo chumann is mo ghrá geal, mo leannán aerga,
a thógann mo chroí le gach timpeallú gréine,
iontaoibh agam as a ghné, as a mhéin mhaorga.

Is beidh cumaidh orm ina dhiaidh is mé ag scaradh leis go deo,
eisean a chlúdaigh mé go dlúth le laethe geala a ghrá
óir tá sé daite domh pilleadh abhaile ar bhailte beaga dorcha an cheo.

Ovid Excoriates the Woman who Deceived him

Odysseus now, he counselled
all the men of his crew
to stop their ears with wax
while they were rowing
past the island of the Sirens
that they might not hear
the sweet come hither of their undoing
in the voices of the weird women.

Thanks to this canny
admonition from their leader
they managed to navigate
those treacherous straits
and to escape
the island,
its buffetings, its shipwrecks.
So much the poem recounts.

Alas that I paid no heed
to the warnings of Odysseus
as I sailed shallow waters
with a deceiving woman
whose whole intent
was harm and ill will
while she beguiled
my ears with kindnesses,

and as she was plotting,
in her deepest self, my downfall
and my exile.
But as with the Sirens
who were turned to stone pillars
and fell from cliff-top to sea,
she also will endure
the doling out of woe.

OVID AG CÁINEADH NA MNÁ A D'FHEALL AIR

Odaiséas, chomhairligh sé
dá chriú go léir
á gcluas a líonadh le céir
agus iad ag iomramh
thar Oileán na Síréanaí
ionas nach gcloisfeadh siad
síreacht chaoin a gcreachta
ó bhéal na mban draíochta.

De bharr foláireamh
fadcheannach a dtaoisigh
d'éirigh leo an sáile
cealgach a shireadh
is a theacht slán
ón oileán
ón bhris is ón bhascadh.
Sin a chantar sa dán.

Mo chreach nár éist mé
le rabhadh Odaiséas
is mé ag snámh ar thanaí
le cluanaí mná
nach raibh ina ceann
ach fonn oilc agus díobhála
agus í ag déanamh ceilge
i mo chluas lena caoineadas,

fad is a bhí sí ag beartú
ina cuid uiscí, mo bris
is mo chur ó chrích;
ach ar nós na Síréanaí
a ndearnadh stacán díofa
is a thit le haill san aigéan,
dáilfear uirthise fosta
droch-chríoch agus léan.

She has for a long time borne
the weight of her own malice.
Like stone, she will drop
down her abyss of loss, will be swallowed
in the whirlpools
she has malevolently stirred.
In the subterranean cauldrons
that nurture her, she will drown.

Translated by Paddy Bushe

Tá a meáchan féin d'olc
á iompar aici le fada.
Mar chloch, titfidh sí
i bpoll a caillte, slogfar í
sa tsruth guairneáin
a chothaigh sí go diabhlaí.
San uisce faoi thalamh
ar a mbeathaíonn sí, báfar í.

SKETCH

The grandmother in bed
sharpens her curses,
the veins in her wrist

purple as a thundery sky
over the house. The father making music
and gesticulating. The liquor

I gave him has enlivened
his mind. Not a word from the mother
as she spices the food. Their daughter

on the floor sharpening a pencil
with a meat knife, terror in her eyes.
Omar, big brother, settles his hand firmly on my knee

and tells me in a furtive whisper
every time the sky lights up:
'Insha'Allah Charlie! Insha'Allah!'

Translated by Gabriel Rosenstock

SCEITSE

An mháthair mhór ina leabaidh
ag cur faobhair ar a cuid mallachtaí;
na féitheoga i gcaol a láimhe

chomh dúghorm leis an spéir thoirní
os cionn an tí. An t-athair ag gabháil cheoil
agus ag déanamh geáitsí. Mhuscail

an buidéal biotáilte a thug mé dó
an mheabhair ann. An mháthair, gan focal aisti,
ag géarú bidh le spíosraí. Páiste girsí

ar an urlár, í ag cur barr ar pheann luaidhe
le scian feola, scéin bhuile ina súile.
Omar, a deartháir mór, a lámh go teann ar mo ghlúin

agus é ag meabhrú domh i gcogar rúin,
gach uair a lasann an spéir le splanc thoirní,
'Ensha'allah Charlie! Ensha'allah Charlie!'

HEADLINES

Headlines of slaughter, horror.
They plunder us, sunder us.
Let the facts of the world
keep their distance and be still, beloved,
as your tongue explores me
with abundant pleasure.
My treasure, seize the hour. I bow before you,
sally rod in the wind.

In time to come and sooner than you know
we both will be nothing but names on a headstone,
numbers in an office file.
Brightness of my life, in time neither of us will breathe
or think of the other,
and the slaughter will continue,
gore, killing
as it was from the beginning.

And like ourselves, other lovers
will experience delirium
on the tip of their tongue.
Headlines of slaughter, horror
plundering them, sundering them,
as they gleefully seize the hour,
bow to one another, sally rods in the wind,
until nothing is left of them,

but names on headstones,
numbers in office files.

Translated by Gabriel Rosenstock

CEANNLÍNTE

Ceannlínte an áir. Ceannlínte an uafáis.
Ár mbodhrú, ár mbuaireamh.
Fanadh fíricí an tsaoil
i bhfad uainn, a ghaoil, fanadh siad ciúin
agus do theangaidh ag gabháil ionam
le barr pléisiúir.
Tapaigh an deis, a dhíograis. Sléachtaim romhat,
slat sailí sa ghaoth.

Amach anseo is ní fada uainn é
ní bheidh ionainn ach ainmneacha ar leac reilige,
uimhreacha i gcomhad oifige.
Amach anseo, a ghile, ní bheidh ceachtar againn beo
le cuimhneamh ar an duine eile,
is leanfaidh an t-ár ar aghaidh,
an slad agus an marfach.
Mar a bhí ó thús, beidh go deo.

Is ár ndálta féin, beidh leannáin eile
ag tabhairt teangaidh dá ngrá
i mbéal a chéile
agus ceannlínte an áir, ceannlínte an uafáis
á mbodhrú, á mbuaireamh,
is iad ag tapú an deis le díograis, ag sléachtú
dá chéile, slatacha sailí sa ghaoth
sula nach mbeidh iontu,

ach ainmneacha ar leac reilige,
uimhreacha i gcomhad oifige.

SUNFLOWER

I praise this flower
that blooms in pain
in the unyielding soil of my garden
joyously
facing the sun;
sun seldom seen
in these dark territories of the north,
sunflower filled with homesickness
for bright lands of the south
and all its brothers and sisters
hearts bursting in the heat.

I praise this flower
autumn's delight
blooming before me,
flower of hope
tingling bright
reaching out
to All.
Brother! Bard of light.

Translated by Gabriel Rosenstock

LUS NA GRÉINE

Móraim an bláth seo
a bhláthaíonn i bpian
i dtalamh righin mo ghairdín
is a thugann a aghaidh
go lúcháireach ar an ghrian;
grian nach dtaitníonn ach go hannamh
sna críocha dorcha seo ó thuaidh,
cumhaidh air i ndiaidh
na dtíortha geala ó dheas
agus a bhráithre mórchroíocha sa teas.

Móraim an bláth seo;
aoibhneas an fhómhair
ag bláthú os mo chomhair;
lus an dóchais
ar tinneall leis an tsolas;
ag síneadh a ghéaga gleoite
chun na huile.
Seo é mo bhráthair, file na gile.

ANTINOUS
a lament from the poet Ammon, Alexandria, 133AD

He was a poor boy from Bithynia,
but in his prime, the full bloom of his youth,
handsomest of all that was ever seen
in the city of Alexandria.
For he was Antinous the beautiful,
most favoured and beloved of the emperor.

He must surely have been born just perfect:
so finely formed and shapely limbed was he,
so smooth of face, so statuesque in bearing
that if I believed in the gods, I would swear
that it was they who had created him
from the holy clay of divine bounty.

I saw him sometimes at the gymnasium
and at the library but never dared
speak to him for he was a royal consort,
and I a lowly administrator,
serving the empire. True to my station,
I could only bow in silence to him.

He gladdened every eye: men's and women's –
it made no difference, they all wanted a piece
of him, that most beautiful boy. And me,
I dreamt of nothing else but him, his mouth
upon my mouth, his strong arms around me.
I would have given my life just to hold him.

Firm and unstinting in his devotion
to his lover, when it was time, he cast
himself into the Nile without a word,
and all to save the emperor from harm
that the oracle had foretold. If only
fate could be so commanded, made to obey!

ANTINOUS
Ammon, file, bliain is fiche á chaoineadh in Alexandria, 133AD

Buachaill bocht as Bithynia
ach faoi bhláth agus faoi mhaise na hóige
b'eisean an té a ba deise
dá bhfacthas riamh in Alexandria.
B'eisean Antinous na háilleachta
ar thug an tImpire taitneamh dó agus grá.

Bhéarfá mionna gur gineadh é gan smál,
bhí sé chomh dea-chumtha sin
i ngach ball, chomh caoin ina mhéin,
chomh séimh ina ghné. Dá mba toil liom na déithe
déarfainn gur iadsan a mhúnlaigh é
as cré dhiaga na gnaíúlachta.

Tchífinn é ó am go ham sa ghiomnáisiam
agus sa leabharlann ach ní raibh sé de dánaíocht ionam
labhairt leis. B'eisean an comrádaí ríoga
is ní raibh ionamsa ach cléireach uiríseal
i seirbhís na hImpireachta. Mar ba dual do mo chineál
bhí orm urraim a ghéilleadh dó i gcónaí.

B'eisean mian súl an tslua, fir agus mná,
b'ionann a gcás, b'áil leo bheith i gcaidreamh
leis an bhuachaill seo a b'áille dealramh.
I dtaca liomsa de, ní raibh á thaibhreamh domh ach é,
a bhéal le mo bhéal, a ghéaga i mo thimpeall,
bhéarfainn a raibh i mo chnámha ach dlúthú leis.

I gcónaí buan agus daingean ina dhílseacht
dá leannán, nuair a tháinig am na hachainí
gan ghearán d'íobair sé é féin sa Níl i ndúil
is go ndéanfaí an tImpire a shábháil
ó thubaiste éigin a bhíthear á thuar dó.
Dá mba rud is go dtiocfaí an chinniúint a ordú!

Now his statue is seen in every town
and his image stamped on coins of the realm.
In homage, Hadrian proclaimed him a god
and, though we know that gods are man-made myths,
we're glad that Antinous, a Hellenist,
and one of us, is raised now in glory.

Handsome Antinous! Graceful Antinous!
Thus let him live now and in time to come.
And even if his godhood is only a symbol,
long may it last for all eternity
so that not even death can have the power
to deface, defame or demonize him.

Translated by Frank Sewell

Anois tá a dhealbh le feiceáil i mbailte na Ríochta
is tá a íomhá buailte ar bhoinn airgid na hImpireachta.
Le hómós dó d'fhógair an tImpire ina Dhia é agus cé
gur eol dúinn nach bhfuil sna déithe ach miotas ár mianta
is aoibhinn linn go bhfuil Antinous, buachaill a ghéill
do chlaonta na Gréige, anois ar ard na glóire.

Antinous na hÁilleachta! Antinous na Grástúlachta!
Sa cháil sin buan beo a bheas sé anois agus go deo.
Sa staid dhiaga úd, fiú mura bhfuil ann ach samhail,
buanóidh sé ar feadh na síoraíochta
ionas nach dtig leis an bhás, fiú amháin, díobháil
a dhéanamh dó nó a chur ó dhealramh.

Antinous: Rogha an Impire Hadrian, saolaíodh an buachaill álainn seo i mBithynia sa bhliain 110AD, báthadh é sa Níl in aice le cathair Alexandria i 130AD. Deirtear gur íobair sé é fhéin ar mhaithe le deashláinte an Impire. Bhí Hadrian croí-bhriste ina dhiaidh.

MOUNT ERRIGAL
for Derek Ball

I

Rarely
do you speak
wrapped in contemplation
guru of my adoration.

Once in a while
a *koan* might slip
from your mouth
as a gift.

Your word is a rock
of weight,
a mystery
to meditate.

Rarely
do you speak
which is why
heather breaks out

in the space between words.

II

On sunny evenings
you exude
pure gold
a cascade of loveliness:
alms bestowed
on the poor.

AN tEARAGAL
Do Derek Ball

I

Ní labhrann tú
ach go hannamh
agus tú ar do mharana
a ghúrú an cheana.

Rúnfhocal amháin
ó sheal go seal
á thíolacadh agat
as do bhéal.

Carraig d'fhocal,
tromchiallach.
Ábhar machnaimh,
rúndiamhrach.

Ní labhrann tú
ach go hannamh.
Sin an fáth a bhfuil
an fraoch ag fás

sa spás idir d'fhocail.

II

Tráthnóna gréine
agus lí an óir
ag sní asat
ina stór aoibhnis
tugann tú déirc
do lucht dealúis.

III

Warrior
of the windy gap,
hero
filled with battle sap.

Upstanding, faithful, courageous,
our protection, our heart's desire,
fighter of storms
and winter's ire.

Champion of unwavering mind
the moon-shield you hold
in your right, in your left – spear of gold.

Standing erect
in battle fury, wild,
what need we fear?

You are in the gap of danger
ever alert
mountain bare.

III

Is tú ár laoch
i mbearna na gaoithe,
ár ngaiscíoch dásachtach
i mbéal na bruíne.

Seasmhach, dílis, móruchtúil,
ár gcosaint, a dhíograis,
ó ruathar stoirme,
ó anfa geimhridh.

Ár gcuradh réidh,
sciath ghealaí i do dheis
sleá gréine i do chlé.

I do cholgsheasamh
agus faoi riastradh,
ní baol dúinn an anachain,

agus tú sa bhearna bhaoil,
a fhir ghnímh,
a Mhic an Eargail.

IV

You are in love
with the sea
but loath to admit it;
the rolling rollicking wave
speaks to you from day to day
with beguiling sweetness.
Her grey-green lively eyes
bewitch you
bright curve of limbs
tangy breath.
For aeons you hearken
to her flood of chatter
paroxysms of tears.
You can hardly draw a breath
when those buttocks of hers are bared
out there yon by Tory.
You are in love with the sea
and so forever it will be
but here you are
firmly planted in rock
and you'll never go a-roaming with her
west on the boreen.

IV

Tá tú i ngrá
leis an fharraige
cé nár mhaith leat é a rá;
an fharraige luascach, líofa, lúth,
a labhrann leat gach lá
le tuaim bhinn na dtonn.
Tá tú faoi gheasa
ag a súile glasa luaimneacha,
ag a cosa geala lúbacha,
ag a hanáil ghoirt.
De shíor tá tú ag éisteacht
lena cuid rachtanna cainte,
lena cuid taomanna goil.
Níl tarraingt d'anála ionat
nuair a nochtann sí
a mása móra, mara
amuigh ansiúd i mbéal Thoraí.
Tá tú i ngrá leis an fharraige
is beidh go brách,
ach anseo tá tú i bhfód
go domhain is go daingean
is ní aistreoidh tú ariamh
léithe siar sa ród.

V

Unlike the sea
in her softness constantly
easily agitated and fiery
of mind and disposition
endlessly roaming the earth
if not above, below.

You are of more solid stuff
weighed down by thought.
Unbending in heart, unbending
in mind, you have never known
coming and going out of the blue.
Tough, staunch, no surrender you.

But a day will come,
mark my words
the sea will find your soft spot
raging she will come on land and bloat
and utterly engulf you –
dominatrix of silvery throat!

VI

The sea is a constant bubble of rumour,
mouth ajar!

You are lofty in eternal silence
contemplating the next star.

V

Chan ionann agus an fharraige
atá go huile ina boige,
sobhogtha agus spreagtha
ina dearcadh, ina cleachtadh,
í tógtha suas le taisteal
na gcríocha, seal thíos, seal thuas.

Tá tusa trom ionat féin,
i gcónaí ag iompar meáchain.
Righin i do mheon agus righin
i do mheabhair, níor chleacht tú
an teacht agus an t-imeacht.
Tá tú cruaidh, dobhogtha i do dhóigh.

Ach lá éigin níos faide
anonn, dhéanfaidh an fharraige
an ball bog a aimsiú ionat,
nuair a thiocfaidh sí i dtír,
ag maidhmeadh a coirp tharat
go tiarnasach, gealghlórach.

VI

Tá an fharraige de shíor ag caint,
ag scaipeadh scéalta.

Tá tusa go buan i do thost,
ag meabhrú ar néalta.

VII

If you talk at all you talk to yourself alone
poetry of stone.

VIII

When the sun lingers on you
ancient light that comes to us
from afar,
your dull grey
bearded hoariness begins to glow
you are young once more
a million years ago.

IX

Patient
    sovereign
        resolute

courageous
    fearless
        lordly

no words
    come near
        your glory

are you not older
    than our own tongue
        than any tongue
            and will you not outlive them all?

VII

Dá labharfá thusa ar an éigse
bheadh do chuid cainte lán de chloch-thuigse.

VIII

Nuair a luíonn an solas ort,
an solas ársa a aistríonn chugainn
ó am i bhfad uainn,
aoibhníonn d'aghaidh
spadliath fhéasógach
is tá tú arís óg,
milliúin bliain ó shin.

IX

Foighdeach
   ardcheannasach
      seasmhach

móruchtúil
   neamheaglach
      tiarnúil

teipeann
   ar an fhoclóir
      aithris a dhéanamh
         ar do ghlóir

ar scor ar bith
   tá tú níos sine
      ná aon teangaidh
         níos buaine.

X

They believe in you
   rocks
       along sloping fields

You are the Holy One
   All-Powerful
      Lord of All Time

Their only desire and destiny
    is to be with you as once before
       be whole

XI

Formed in Fire you were
at Earth's beginning.

A cinder from that fire
still glows in you,
embers in boulders
flagstones aflame.

The spark is awaiting
judgement day
and will leap forth
from your loins
a mighty blaze
an inferno.

You were born in the fire
in which you will expire.

X

Creideann siad ionat,
    na carraigeacha fána seo
        sna cuibhrinn.

Is tusa an Neach Naofa,
    an tUilechumhachtach,
        an Tiarna Síoraí.

Is é a mian is a ndán
    dlúthú leat mar a bhí;
        a bheith iomlán.

XI

As Tinidh thús an tsaoil
a cruthaíodh thú.

Tá beo den tinidh sin
ag dó ionat i dtólamh,
an choigilt i do cuid carraigeacha,
an laom i do chuid leacacha.

Tá an spréach sin ag feitheamh
ar lá na cinniúna
nuair a bhrúchtfaidh sé
as do chlocha giniúna,
ina bhladhm lasrach,
ina chraos mhillteach.

As tinidh a cruthaíodh thú.
I dtinidh a chaillfear thú.

XII

It is nothing!
You were here before us
you'll be here when we're gone.

XIII

You never knew
God's arrogance.

You are older than He,
this human deity

created
out of fear and neurosis

fear of death
psychosis.

God's arrogance
you never knew

what is man's one-act play
to you?

XII

Is réidh agat é!
bhí tú ann romhainn,
beidh tú ann inár ndiaidh.

XIII

Ní raibh tú riamh
faoi shotal Dé.

Tá tú níos sine ná É,
Dia úd an daonnaí,

a cruthaíodh
as eagla, as imní,

as mearbhall céille,
as práinn na héaga.

Ní raibh tú riamh
faoi shotal Dé.

Ní heol duitse
díomuaine an duine.

XIV

Procreative fusion
formed you,
ice carved you,
wind sun
sculpted you
snow rain
polished you
heather gave you features
moss clothed you
bog-myrtle perfumed you
bog-cotton bearded you
lilting you took from the lark
nature gave you permanence
the naturalist, short-lived creature,
pays you homage.

XIV

As gríos na giniúna
a fáisceadh tú,
an t-oighear a mhúnlaigh tú,
an ghaoth is an ghrian
a shnoigh tú,
an sneachta is an síon
a chuir snas ort,
an fraoch a chuir snua ionat,
an caonach a chuir éideadh ort,
an raideog a chumhraigh tú,
an ceannbhán a d'fhág féasóg ort,
an fhuiseog a thug ceol duit,
an nádúr a thug buanaíocht duit,
an nádúraí, an créatúr díomuan,
a thugann ómós duit.

XV

Today
I went askew
in the Mám
between yourself
and Cnoc Glas.
Out of my dimensions
outside of time.
It appeared to me
that a garden of chrysanthemums
was blooming
in your shade,
and woods of
cherry trees
were branching out from your peaks,
the air of Japan
had wreathed you in smiles
and Mín na Craoibhe
was in the middle of Kyoto
a woman in a kimono
bowing to you politely.
Was I momentarily duped?
It matters not.
The sage Hokusai was visible to me
on his knees in adoration –
Fuji-Errigal!

XV

Inniu baineadh
soir asam
sa Mhám
idir tú féin
agus an Cnoc Glas.
Bhí mé i gcéin
agus as m'am.
Chonacthas domh go raibh
gairdín criosantamam
amuigh i mbláth
faoi do scáth,
go raibh coillidh
crann silíní
ag craobhú ar do bheanna,
go raibh aeráid na Seapáine
ag cur aoibhe ort is gnaoi,
go raibh Mín na Craoibhe
i gcroílár Kyoto,
go raibh bean i gKimono
ag umhlú duit go béasach.
Mura raibh ann ach mearbhall ama
a shaobh mé, is cuma.
Chonaic mé Hokusai, an saoi,
agus é ar a ghlúine a d'adhradh
a Eargail, a Fujiyama.

XVI

Your gaze constantly
on the world's cycle,
our lives do not horrify you
our deaths do not delight you.

You are not as we are –
fearful toads! –
measuring our life in days
you measure life in stones.

XVII

An autumn evening
from some giddy height
west of Ard na Seamair
I see you wrapping
a lavender cloak
of the loveliest
heathery silk of mountain
around yourself, Oscar.

XVI

Ag amharc uait de shíor
ar thimthriall an tsaoil,
ní chuireann ár mbeatha uafás ort,
ní chuireann ár mbás áthas ort.

Ní hionann tú agus muidinne
na neacha eaglacha
a dhéanann an saol a thomhas i laethanta.
Déanann tusa an saol a thomhas i gclocha.

XVII

Tráthnóna fómhair
ó áit ard aerach
siar ó Ard na Seamair
tchím tú ag tarraingt
clóca labhandair
den tsíoda fraoigh
is gleoite ar an tsliabh
thart ort féin, a Oscair.

XVIII

How delicious it would be
to live my life carelessly
in heathery hermitage
windy slopes
sun-embraced peaks
climb you each day
with tender steps.

You are the stairway to sky,
ladder to sun.
I could find the Self
in your crowning light,
understanding would dawn
not from the pages of hoary sages
but from the wind that rushes
over snow

at night in withering March
and from the soft juice of bilberries
in the purple of autumn.
I would chant to elements
and the young morning
adorning you
lauding you
before my open eyes.

How delightful to escape
from the fetters of the world,
free of its wrestling
grip, yell in defiance
on moonstruck
slippery heights.

XVIII

Nár mhéanar
dá mbeinn ag cur fúm
ar feadh mo shaoil
i do dhíseartán fraoigh,
ar do shleasa gaothrite
ar do bheanna grianlasta,
a do dhreapadh gach lá
de choiscéim chneasta.

Is tú an staighre chun na spéire,
dréimire na gréine.
Sa tsolas ar do bharr
d'aimseoinn mé féin,
is bheadh tuigbheáil agam
nach dtig ó shleachta suadh
ach ó ghaoth ag teacht
de dhroim sneachta,

oíche sa Mhárta rua
is ó shú bog na bhfraochóg
i bhfómhar na sméar.
Bheinn ag adhradh na ndúl
is an mhaidin óg
ag cur maise ort
is a do mhóradh
os comhair mo dhá shúil.

Nár mhéanar
éalú ó gheimhle an tsaoil,
ceangal na gcúig gcaol
a scaoileadh saor, liú
dúshláin a chur asam
ar do bhuaic gealaí,
ar do bheanna baoil.

Like Han Shan
bold pilgrim
aloft
on Cold Mountain,
poet of fiery eye
feral in long endurance
free everlasting
among drifting cloud.

Dálta Han Shan
an t-oilithreach dána
a chaith a shaol thuas
ar an tSliabh Fuar,
an file beoshúileach,
fiánta, fadfhulangach,
á shaoradh féin go buan
sna scamaill bhána.

XIX

On a a summer evening
as I tread your paths
you are there before me
in peaty pools,
diminutive, sportive,
I could almost
catch you in an embrace
compadre, full of grace.

XX

Have you any memory
of generations who in reverence
spent their lives
labouring and propagating
in good times and bad
here in your shade?

Or have they disappeared
the men and women
who looked up to you
in homage throughout the year
have they gone forever
from the annals of memory?

Are we anything to you?

XIX

Tráthnóna samhraidh
is mé ag siúl an tsléibhe
bíonn tú romham
i linnte portaigh,
beag agus gnaíúil
amhail is go dtiocfadh liom
breith ort agus barróg
a thabhairt duit, a dhuine chléibh.

XX

An cuimhneach leat
na glúnta urramacha
a chaith a mbeatha
ag saothrú is ag síolrú
i dtráth agus in antráth
anseo faoi do scáth?

Nó ar imigh siad
na fir úd agus na mná
a d'fhéach suas ort
go hómósach gach lá,
ar imigh siad go brách
as annálacha do chuimhne?

An caill duit an duine?

XXI

A cup of tea
birdsong
a poem or two
if the Muse grants it
alive and well
albeit frugally
and Death –
(who else!)
my only tenant.

And I can't take
my eyes off you
day after day
you draw my gaze
and I contemplate
the way you rise
bravely
from the poverty
of bare-boned earth.

XXI

Cupán tae,
ceol na n-éan,
dán nó dhó
má thig an bhé,
beo slán
ach ar an bheagán,
is an bás –
cás gach éinne –
ag sealbhú ionam.

Is ní thig liom
mo shúil a bhaint duitse
ach ag breathnú ort
lá i ndiaidh lae,
ag meabhrú ort
ag éirí ansiúd
go cróga
ó shaol bocht
lomchnámhach na cré.

XXII

We ceaselessly seek
to create you
in our own image.

Extend you
with metaphor
clarify you
with simile,
fortify you
with symbol.

Why can't we
leave you there
as you are

mountain bare.

XXII

Tá muid i gcónaí
ag iarraidh tú a chruthú
inár n-íomhá féin.

Síneadh a bhaint asat
le meafar,
tú a shoiléiriú
le samhlaoid,
neart a chur ionat
le siombail.

Nár dheas dúinn
tú a fhágáil
mar a bhí tú riamh ...

i do shliabh?

XXIII

You are without offspring
as I am too, beloved,
except for the work
all around you, collections
of stones, poems adamantine
born in pain.

Quartz
glitters freely
in poems of praise;
mighty granite
gives weight to laments;
limestone
sharpens satire.

I envy them.
They will live on
when my poems
are mist.

XXIV

Steadying me
when I was rudderless
you resemble Father.

Showing kindness
as I rush off into a new life
you resemble Mother.

In biting weather
your face obdurate
resembling me.

XXIII

Níl sliocht ar bith ort,
mo dhálta féin, a chroí,
ach amháin an saothar seo
le do thaobh, na cnuasaigh
cloch seo, dánta crua
a tháinig asat le dua.

Tá an chloch ghréine
ag lonrú go líofa
i do chuid dánta molta;
an t-eibhear tréan
ag neartú do chaointe;
an chloch aoil
géar i do chuid aortha.

Tá mé in éad leo.
Buanóidh siad
nuair atá mo chuidse
imithe ina gceo.

XXIV

As a sheasmhacht
nuair a bhí mé as stiúir,
tá tú cosúil le m'athair.

As a cneastacht
is mé ag imeacht le saol úr,
tá tú cosúil le mo mháthair.

As d'aimsir ghlas
nuair a bhíonn do ghnúis dúr,
tá tú cosúil liomsa.

XXV

Each and every inch of you I walked
each brow, each high point, hollow and slope,
rain-washed peak, sun-licked ridge.
I studied everything that grew on you gloriously
your wild flowers & all your healing herbs.

In the pale cloak of March I saw you
and again in heathery tweed of autumn.
Sun-cloaked in May
and again in the silky white of January,
but the more I gaze, dear heart,

the less I can tell:
such is the fate of those who lie under your spell.

Translated by Gabriel Rosenstock

XXV

Shiúil mé tú ina chéimeanna miona,
gach malaidh is mullach, gach log is learg,
gach binn shíon-nite, gach droim ghrianlite.
Dhearc mé go cruinn a raibh ag fás ort go gleoite,
do cuid lusanna fiáine is do chuid luibheanna íce.

Chonaic mé tú i bhfallaing liathbhán an Mhárta
agus i mbréidín fraoigh an fhómhair.
Chonaic mé tú i gclóca gréine na Bealtaine
is i mbáine shíodúil an Eanáir
ach dá mhéid a dhearcaim tú is lú

d'aithne is d'eolas a chuirim ort, a rún,
ach sin dán an té atá faoi do gheasa diamhair.

Breaking Bread

ó

AN tAM MARFACH INA MAIRIMID
(Arlen House, 2010)

Song of Morning

I ask the morning to brighten all that grows
and withers; the snail that pulled through somehow,
the flowers all poisoned. Brighten the ant with its heavy load
mountaineering among pavement pebbles. Brighten the tree's
leafy erectness on the building site as it sucks in gunge
from the digger and breathes it out again fresh and clean
in green enthusiasm; brighten the bird that stretches its golden chord
from one tuneful bush to another, roses, cheerful girls
in red skirts perfuming themselves at the lower end of the house;
the golden-eyed daisy that perceives the foot that's going to trample it.

I ask the light to descend on bright things
struck gloomy, yellow shoe polish, the scent
of hair, stink of streets, fruits that have grown limp,
the pallid face behind a window, yobbos fighting in the town square,
milk flowing from the wet-nurse sitting on the lawn, office girls,
the young man in the lounge who described his honeymoon
as honeydoom, no, it wasn't a bed of roses,
tourists of uncertain hue in the hotel yard, waifs
with bags of glue at the train stop, our daily bread
that I scatter among ducks and deities.

I ask the sun to journey to my heart's desire,
lie down with him, fondle his core with gold-lacquered fingers,
kiss his mouth with summery lips, warmly tell him
of my need for him and though my hopes have gone to seed
I need his love and believe in his gentle ways that ease all pain
so that in spite of everything I can rise up from this immense chasm
and stand on burning slabs, greeting the morning with a poem.

Translated by Gabriel Rosenstock

AMHRÁN NA MAIDINE

Iarraim ar an mhaidin gealadh ar a bhfuil ag fás
ar a bhfuil ag feo, ar an tseilide a d'éalaigh lena bheo
ón nimh i measc na mbláth, ar an tseangán lena lód trom
ag tógáil an chnoic thar chlocha an chosáin, ar an chrann
ard duilliúrach ar shuíomh na bildeála atá ag sú isteach
an salú toite ón inneall tochailte is á chur amach úrghlan
in anáil ghlas a dhúthrachta, ar an éan a fhíonn snáithe óir
a chuid ceoil ó thor go tor, ar na rósanna, na girseachaí croíúla
ina gcuid sciortaí dearga á gcumhrú féin ag tóin an tí,
ar nóinín an tsúil órbhuí a tchí an chos a dhéanfas é a chloí.

Iarraim ar an tsolas tuirlingt ar a bhfuil geal,
ar a bhfuil gruama, ar shnas bhuí bróige, ar bhealadh
gruaige, ar bholadh bhréan na sráide, ar thorthaí ag dul i mboige,
ar aghaidh bhán ar chúl fuinneoige, ar lucht bruíne na cearnóige,
ar bhainne cíche na mná atá ag cothú linbh ar an fhaiche, ar chailíní oifige,
ar an ógfhear sa tsólann a d'inis domh gur mó de mhí na méala
ná de mhí na meala a bhí faighte aige ar leabaidh a phósta,
ar na turasóirí drochdhaiteacha i gclós thigh an ósta, ar na páistí ocracha
lena gcuid málaí gliú ag stad na traenach, ar an bhia
atá á scaipeadh agam ar linn na lachan, ar ár n-arán laethúil, ar Dhia.

Iarraim ar an ghrian triall ar mhian mo chroí,
iarraim uirthi luí ar a leabaidh, é a mhuirniú ina géaga solais,
a bhéal a phógadh lena beola samhraidh, a inse dó i dteas an cheana
gurb é mo leas agus cé gur cuireadh de mo dhóchas mé
go gcreidim ina ghrá, ina mhéin séimh suáilceach, ina leabaidh séin
agus dá bhrí sin go dtig liom, d'ainneoin na n-ainneoin, éirí as an duibheagán,
as ifreann mo léin is an mhaidin seo a bheannú le dán …

IN A GRAVE TIME

The sky today translucent
as Buddha's omniscient eye:
a white dove flew by.

Its bright angelic wings spelled out
hope – could it be –
hope in this infirmity?

The words were not out of my mouth
when a shot was fired. Sky
an ocean of blood. No lie.

I cannot look up to the heavens
without seeing on the ground
the dove that fell to earth without a sound.

Today, strange as it is to claim,
all the love I have for God
is drowned in that bird's blood.

How can I look any more
at a sky that is gore,
nothing but gore.

Translated by Gabriel Rosenstock

An tAm Marfach ina Mairimid

Do Ghabriel Rosenstock

Inné is an spéir chomh soiléir
le súil lánléargais an Bhúda
chonaic mé colmán bán ag triall tharam.

A sciathán geal aingil
ag tuar dóchais, a deirim liom féin,
as an duibheagán seo ina mairim.

Ach ní raibh na focail as mo bhéal
nuair a chuala mé an t-urchar. Fágadh an féar
dearg le fuil an éin ghlé.

Inniu níl spléachadh dá dtugaim ar an spéir
nach léir domh mo cholmán bán, a choirpín
mín marbh ag titim ó ghorm go talamh.

Inniu agus ní ag maíomh atá mé
tá a bhfuil ionam de ghrá Dé
báite i bhfuil dearg an éin sin.

Ní thig liom m'aghaidh a thabhairt níos mó
ar spéir atá ag cur fola
ar spéir atá ag cur fola.

To Walt Whitman
For Adil Aouji

1

As usual, Walt, here I am reading your litany of joy as the grass makes an appearance in Mín an Leá.

A shower of rain spurting growth, your words bring the hues and urgency of spring flowing through my imagination.

I can hear your gentle laughter behind the words as I utter your love poems. You need but beckon: what I wouldn't give to be in your arms. I'm not saying we are blood relations, but we are linked by craft and by leanings.

Brother, give me your hand, tramp of the road, and we will take words on a walk, with an agile leap of the mind, let's take the air, you take the high road and I'll take the low road and the poem between us.

Brother give me your hand. We'll roam over the vast range of your contemplation and cross the mighty flood of your thought. Out there in the sunny booley of your hope, we'll stretch our limbs awhile in comfort. Let's take the luscious juices from the sun.

Out there in the purple evening of the hills, dear one, we'll discover the America of our desires.

II

Poet of vision, poet of prophecy, green omniscient poet, your campfire illumines eternity.

Poetry for you had no boundaries. You were drawn to immensity.

You beheld the spirit's playful spume in oceans, the spill of a boy's seed on starstruck autumn nights.

Beloved god that needed no theology.

Poet of homage. Poet of streaming expansiveness. You honoured the great-hearted order of the cosmos. You could feel the living pulse that nurtured the blade of grass, that conducted the cycle of the spheres. Nothing was too big or too small for your canticle of creation.

You were at home in each limb of the dancing universe.

Your imagination took a seven-league leap from one world to the next. Your poem made safe the path to the abyss.

Your book is as humble as ditch grass, as ambitious as the swell of the sea.

DO WALT WHITMAN
Do Adil Aouji

I

Mar is gnách, a Walt, seo mé ag léamh do liadán lúcháire le teacht an fhéir i Mín an Leá.

Cith fáis, cuireann do bhriathra lí agus fuadar an earraigh ag sní i mo shamhlaíocht.

Cluinim do gháire lách ar chúl na bhfocal agus mé ag rá do dhánta grá. Níl agat ach sméideadh orm. B'aoibhinn liom cumann a bheith eadrainn. Ní ag maíomh ginealais ort atá mé ach is amhlaidh gur bráithre gaoil sinn inár ngairm, inár gclaonta.

Tabhair domh do lámh, a bhráthair, a fhir thriallta an róid, agus bogfaidh muid de shiúl cos na bhfocal, de léim lúith na hintleachta, bogfaidh muid amach faoi bhéal an aeir, bogfaidh mise agus bogfaidh tusa agus bogfaidh muid le chéile in araicis ár ndáin.

Tabhair domh do lámh, a bhráthair. Triallfaidh muid thar mhachairí méithe do mhachnaimh, trasnóidh muid tuilte tréana do smaointe. Amuigh ansiúd i mbuaile ghréine do dhóchais, sínfidh muid seal ag déanamh só. Bainfidh muid sú as feis an tsolais.

Amuigh ansiúd i dtráthnóna corcra na gcnoc aimseoidh muid, a mhian, Meiriceá ár mianta.

II

A fhile na físe, a fhile na fáistine, a fhile ghlais uilefheasaigh, shuigh tú do champa ar aghaidh na síoraíochta.

Bhí do spéis in éigse na héigríche. Bhí do dhúil sa tsaol iomadúil.

Ba léir duit spleodar buile an spioraid i gcaithréim bhán na mara, i bhfómhar geal na réalt, i mbuachaill ag sceitheadh síl.

Bhí tú diaga, a dhíograis, ach ní raibh tú diaganta.

File an ómóis. File na fairsingeachta. Thug tú onóir d'ord mhórchroíoch an chosmais. Bhraith tú an chuisle bheo a bheathaigh an tráithnín féir, a stiúraigh timthriall na sféar. Chan tú mion agus mór i gcaintic do chuntais.

Bhí tú sa bhaile i ngach ball de chorp na cruinne.

Thug tú léim seacht léige na samhlaíochta ó dhomhan go domhan. Le do dhán rinne tú talamh slán den duibheagán.

It is my scripture of delight, gospel of joy, full-throated choir, book of wisdom.

III

Your company lifts my heart, Walt, as I run the gauntlet, as blows are struck. The mills of life grind rough and smooth.

Nor was your own life a bed of roses. You had your detractors in their hundreds. And like myself, the love of young men brought you down.

They bad-mouthed you, the evil-hearted ones, proclaiming your poems – your poems exuding grace – were nothing but line after line of vice and temptation.

But you never betrayed your own word. You, the kind-hearted one who couldn't harm a midge, you gave it to them well and good in words of poetry. The wild scream that challenged them in hymns of love. The love that could not speak its name uttered itself in fountains of grace.

Poet all-powerful, caress me now in the sacred bosom of your words.

Protect me from evil detractors, the pigeon-hearted and the righteous, the scary whited sepulchures.

Protect me, Walt, from the gang that tried to take your name away from you. They and their kin are still creating mischief.

Free me from the daughters of treachery and the sons of trickery whose perverted ways have coated my tongue with their scum so that it is hard for me now to raise my voice in the bardic company where I belong.

Give me your gift, Walt, to give every word its true weight, and may every verb strike home so that the barkings of malefactors are rammed back down their throats.

IV

I am reading your litany of delight as grass peeps out in Mín 'a Leá and you, brother, buried in Camden.

But your poem is hale and hearty, voice of spring rising in the green leaves of your humanity.

The world is full of exasperation and malice, and warring factions fill the earth and skies. Factions of faith, tribes of terror!

You saw more than enough of battle gore, Walt, as you nursed soldiers in their final throes, in the bloody years of civil war.

Tá do leabhar chomh humhal le féar na díge, chomh huaillmhianach le mórtas farraige.

Seo mo scrioptúr aoibhnis, mo shoiscéal áthais, mo chór dána, mo leabhar na heagna.

III

Is mór an tógáil croí domh do chuideachta, a Walt, agus mé ag gabháil faoi na súistí, faoi bhuillí an chatha. Meileann an saol mín agus garbh i muileann na beatha.

Cha dtáinig an saol go réidh leat féin ach oiread. Ba mhinic lucht do cháinte ag iarraidh tú a chur ó chion. Mo dhálta féin, a Walt, grá na bhfear óg a ghin do chrá.

Bhí tú tógtha i mbéal acu siúd, lucht an droch-chroí, a d'fhógair nach raibh i do dhánta – do dhánta lán de ghrásta – ach duanaire na nduáilcí, cnuasach an chathaithe.

Ach níor chlaon tú riamh ó d'fhocal. Tusa, a fhile na geanúlachta, nach raibh mírún agat d'aon duine, thug tú lán béil d'fhocal daofa i bhfilíocht. Lig tú scread fhiáin an dúshláin le d'iomann cumainn. Rinne tú an grá dána a laoidheadh i leabhar na ngrást.

A fhile na n-uilechumhacht, muirnigh mé anois i mbaclainn rónaofa do bhriathra.

Cosain mé ó lucht an oilc, iadsan atá cúngchroíoch agus ceartasach; lucht an bhéalchrábhaidh ar scanrúil a ndúil sna mírúin.

Cosain mé, a Walt, ón drong úd a tharraing míchliú ort fein. Tá a gclann is a gcineál ag cothú mioscaise go fóill.

Saor mé ó iníon na gclaonbheart agus ó mhac mhallaithe an imris a bhfuil an feall ar iompar leo is a d'fhág scannán salachair ar mo theanga ionas gur doiligh domh mo dhán a chanadh i ndámh na suadh.

Tabhair de bhua domh, a Walt, a cheart glan féin a thabhairt do gach focal, a bhuille cóir do gach briathar sa chruth go dtig liom a nglam cham a dhingeadh síos ina mbráid.

IV

Tá mé ag léamh do liadán lúcháire le teacht an fhéir i Mín an Leá agus tusa, a bhráthair, faoi chlár i gCamden.

You were reminded, more than ever, as you carried out the corporal works of mercy, that our lot was useless unless we showed what it is to be good neighbours with everyone from Brooklyn to Ballybuddy.

A world of exasperation and malice, Walt, but inspired by your poem I look to the peeping grass; tender grass of brotherhood; rough grass of prophecy; ditch grass of integrity; fragrant grass of truth.

I read your litany of delight, a bad moon on the rise, the bones of the old world have become stale, a new age of misery about to be born. And yet, Walt, lovable brother, you forged a fire that brightens my life tonight. Even now, its glow is palpable.

Your book is the green sod on which I stand alone.

Translated by Gabriel Rosenstock

Ach tá do dhán dea-bheo, do ghlór earraigh ag éirí chugam ó dhuilleoga glasa do dhaonnachta.

Tá an saol lán den chaitheamh is den cháineadh, ciníocha ag troid an t-aer is an talamh lena chéile. Ciníocha an chrábhaidh, ciníocha an chogaidh!

Chonaic tú féin do sháith d'ár an chatha, a Walt, agus tú ag tabhairt cúraim do shaighdiúirí éag-ghonta, blianta fuilteacha an chogaidh chathartha.

Meabhraíodh duit, níos mó ná riamh, agus tú i mbun oibreacha corpartha na trócaire, nach raibh aon rath i ndán dúinn mura ndéanfadh muid comharsanacht mhaith le gach neach ó Bhrooklyn amach go Buaile an Bhodaigh.

Tá an saol lán den chaitheamh is den cháineadh, a Walt, ach faoi spreagadh do dháin, tá mo spéis i bhfás an fhéir; féar gaoil an bhráithreachais, féar garbh na fáistine, féar claise an ionraicis, féar cumhra na fírinne.

Tá mé ag léamh do liadán lúchaire oíche dhrochghealaí seo ár gcinniúna, cnámha an tseansaoil ag stálú agus aois úr na hanachaine i mbéal a beirthe. Ach, a Walt, a bhráthair chaoin an cheana, tá an fuinneamh a ghin tú do mo ghealadh anocht. Tá an laom áthais a d'adhain tú ag tabhairt solais domh anois.

Is é do leabhar an fód glas ar a seasaim sa lom.

HAIR PINS

(Your brown knots of hair,
  These are hazel brown,
    Your tresses bracken and the bracken reddening).

Among the remains
of a bowl cast among brambles –
the mouth of the bowl stuffed with earth.

Here in the grime behind the house
I discovered hair pins
worn by my mother when I was small.

At night her curly brown strands
shone as she tended her hair
combing and brushing

and putting in the pins;
single threads of gold
shining in the light of the tilly lamp.

Her hair was a copper cascade
in free fall; a river of light
in full spate.

Mammy, your hair stole
the yellow from autumn leaves, softness
from silk, the flash from lightning.

The flow from the running stream.
If your ears were my guardian angels
as I lay in the cot,

your long graceful locks
were God's fingers tickling me
every night before sleep.

NA PIONNAÍ GRUAIGE

(Ó do chocáin donna
ó choillidh na gcnó, do dhuala raithní
is an raithneach ag ruadhú).

Sa tseanbhabhla bhriste
caite sna driseoga ar chúl an tí-
fód créafóige ina bhéal,

d'aimsigh mé sa tsalachar
na pionnaí gruaige a bhíodh ag mo mháthair
nuair a bhí mé beag.

San oíche an loinnir a bhíodh
ina ciabh chatach dhonn agus í ina bun,
á cíoradh agus á scuabadh

is ag cur na bpionnaí ann;
an ruithne a thigeadh ó bhoinn óir a dlaíóga
faoi sholas an *tilly*.

Eas copair a cuid gruaige
ag sileadh léithe, tuilidh dhrithlinneach
a cuid gruaige ag titim léithe.

A mhamaí, bhain do chuid gruaige
an buí de dhuilliúr an fhómhair, an bhoige
den tsíoda, an splanc den tsoilseach,

an sní de shruth na habhna.
Má ba é do chluasa mo dhá aingeal choimhdeachta
agus mé sa chliabhán, ba é

do dhuala fada grástúla
méara Dé ag cur cigilt' ionam sula dtéinn
chun suain gach oíche.

If your glistening eyes were soft springs
from which I drank of your healing love,
your flowing head of hair

was that forest I climbed
to reach the sky, straddling constellations,
my head resting in the bosom of God.

An old bowl,
each crack as fine as a rib of hair
found among all the grime.

And in it my mother's hair pins;
they needle me now
as her tresses mingle with the earth.

Translated by Gabriel Rosenstock

Má ba é do shúile glé
na toibreacha caoine as ar ól mé íoc an ghrá,
ba é d'fholt craobhach,

an crann a dhreap mé
chun na spéire, mo chosa i measc na bpláinéad,
mo cheann i bhfochair Dé.

I seanbhabhla bhriste
gach craic ann chomh caol le ribe,
d'aimsigh mé sa tsalachar,

pionnaí gruaige mo mháthar;
pionnaí a théann go croí ionam is a folt
faoi chlár sa chaoineadh seo.

SUNSHIMMERS

Evening and the sun shimmers off the fur of goats …
that same shimmer from the soft skin
of boys diving into a river pool.
None can dam the river of time.

Gold-dust gently falls from their skin
glowing with the flame of youth. Young fire!
Nothing is more lonesome than loveliness that fades.
None can dam the river of time.

I see them now swimming, splashing
making noisy fun. In full flower,
already the seeds of decay are sown.
None can dam the river of time.

I listen but the goat bells are too distant now,
lost in hilly dusk. So too,
with surreptitious steps, youth vanishes.
None can dam the river of time.

Translated by Gabriel Rosenstock

LÍ NA GRÉINE

Lí na gréine i bhfionnadh na ngabhar tráthnóna …
tá a mhacasamhail de sholas i gcaoine a gcraicinn,
na buachaillí seo á dtomadh féin i linn na habhna.
Monuar ní thig cúl a choinneáil ar shní an ama.

Niamh ghrianbhuí, órbhuí, chaoinbhuí na hóige
ag éirí ina gríos óna gcneas. Niamh na ndéaga!
Níl a dhath chomh cumhúil le sciamh nach maireann.
Monuar ní thig cúl a choinneáil ar shní an ama.

Tchím ansiúd iad ag snámh agus ag splaiseáil,
ag iomarbhá go teasaí. Tá siad i mbláth na háilleachta
ach cheana féin táthar á gcnaí is á gcaitheamh. Ar nós an tsrutha,
monuar ní thig cúl a choinneáil ar shní an ama.

Cluinim cloigíní na ngabhar ag gabháil as éisteacht
i gclapsholas na gcnoc. Chomh dobhraite céanna,
chomh fáilí ciúin, tig snaoi ar shnua is ar ghnaoi na hóige.
Monuar ní thig cúl a choinneáil ar shní an ama.

TRANSLATION
For Reuben Ó Conluain

The 'chill-chest', 'blow-in-brush'
and 'button-kettle' …
I always loved the way
Maggie Neddie Dhonnchaidh
expanded the language
as she tackled
the *fridge, hoover,*
and *electric kettle.*

The 'chill-chest', 'blow-in-brush'
and 'button-kettle' …
A neighbourly etymologist,
she took what was foreign
and made it go native.
With the flair for language she got from her people,
she'd baptize everything perfectly,
bring it to life with a new name.

The 'chill-chest', 'blow-in-brush'
and 'button-kettle' …
Twentieth-century trappings!
She named them
like they were always there,
part of the furniture, as natural
as a settle-bed, straw chair
or salting-tub.

The 'chill-chest', 'blow-in-brush'
and 'button-kettle' …
Now they are growing rusty
and falling apart
in a deserted house
with weeds in the doorway
and the silence of the grave
on Maggie Neddie Dhonnchaidh's tongue.

TIONTÚ
Do Reuben Ó Conluain

'Trunca an tsiocáin, scuab an tséideáin
agus citeal an chnaipe!'
B'aoibhinn liom an tslí
ar bhain Maggie Neddie Dhonnchaidh
síneadh as an teangaidh
agus í ag gabháil i ngleic
leis an *fridge,* leis an *hoover*
agus leis an *electric kettle.*

'Trunca an tsiocáin, scuab an tséideáin
agus citeal an chnaipe!'
Sanasaí na tíriúlachta,
chuir sí faoi chuing an dúchais
an ní a bhí deoranta.
I ndeismireacht bhéil a daoine
bhaist sí iad go galánta
i gcóiriú na croíúlachta.

'Trunca an tsiocáin, scuab an tséideáin
agus citeal an chnaipe!'
Trealamh tí na fichiú haoise!
D'ainmnigh sí iad amhail
is dá mba ann daofa i gcónaí;
baill den tsean, chomh nádúrtha
le leaba shuíocháin, le cathaoir shúgáin.
le tubán saillte.

'Trunca an tsiocáin, scuab an tséideáin
agus citeal an chnaipe!'
Anois tá siad ag tógáil meirge
agus ag titim as a chéile
i dteach atá tréighte;
fiailí i mbéal an dorais
is tost an bháis ar theangaidh
Mhaggie Neddie Dhonnchaidh.

The *'fridge'*, *'hoover'*,
and *'electric kettle'* …
That's what I hear today
in the halting speech round here.
And where your house once stood,
Maggie Neddie Dhonnchaidh,
a wee girl called Annette asks
if I have *'international roaming'*
on my *'mobile'*.

The 'chill-chest', 'blow-in-brush'
and 'button-kettle' …
All that's left of their magic and music
is their mention in a poem,
and who knows how much longer
this language will last
so your wit can be preserved,
Maggie Neddie Dhonnchaidh.

Translated by Frank Sewell

'An *fridge*, an *hoover*
agus an t-*electric kettle*'
sin a gcluinim inniu
i gcaint bhacach an bhaile.
Ar láthair seo do thí,
a Mhaggie Neddie Dhonnchaidh,
fiafraíonn Annette domh, páiste girsí
''bhfuil *international roaming*
ar do *phone*, Charlie?'

'Trunca an tsiocáin, scuab an tséideáin
agus citeal an chnaipe!'
Ní mhaireann dá mbrí, dá mbua,
ach iad a bheith luaite i ndán,
is cá bhfios cén fhaid eile
a mhairfidh teangaidh seo an dáin
le do shaoithiúlacht a thabhairt slán,
a Mhaggie Neddie Dhonnchaidh.

SKELLIG
For Paddy Bushe

During one of the two nights I spent on Skellig around Saint John's Day this year, a monk came to me in my sleep, a young slender man in a brown, loosened habit, with a cowl on his head. I felt no fear in his presence. His expression was kindly and his movements graceful. He sat on the edge of the bed, and spoke affectionately to me.

'I am Tuathal Mac Liag, a poet', he said, in a pleasant dialect I had never before heard. 'Now, as I understand it, my work is unknown to the written word. And so ...'

He looked keenly at me, as if to say that I had a duty to break the silence that had fallen on his work. In any case, that is what I understood.

'I was greatly drawn to men, but my heart was embedded in Caomhán, my brother across the sea'.

Just then some bird screeched out in the end of the night, and I awoke abruptly from my sleep. My monk had disappeared, dawn was breaking, and grey morning drizzled on the wide sea outside my window. It upset me that our conversation had not been more substantive. I missed this person who had come to me from the otherworld ... from the imagination ... from wherever! Ever since, these poems have been taking shape in my mind ...

AN SCEILG
Do Paddy Bushe

Oíche den dá oíche a chaith mé ar an Sceilg i dtrátha na Féile Eoin i mbliana, tháinig manach chugam i mo chodladh, fear óg, caol, ard in aibíd donn scaoilte, cochall manaigh ar a cheann. Níor mhothaigh mé aon eagla ina láthair. Bhí sé gnaíúil ina dhreach agus grástúil ina chuid gluaiseachtaí. Shuigh sé ag colbha na leapa agus d'fhéach orm go geanúil.

'Mé Tuathal Mac Liag, file', a dúirt sé i gcanúint bhinn nár chuala mé a macasamhail riamh. 'Anois, de réir mar a chluinim, níl trácht ar mo shaothar i laoi ná i litir. Dá bhíthin sin …'

D'fhéach sé orm go géar amhail is le rá go raibh sé de dhualgas orm teangaidh a thabhairt don tost seo a thit ar a shaothar. Sin a tuigeadh domh ar scor ar bith.

'Bhí mo spéis i bhfearaibh', a dúirt sé, a shúil chaoin 'mo ghrinniú, 'ach bhí mo chroí istigh i gCaomhán, mo bhráthair ar tír mór'. Ba léir go raibh a fhios aige gur duine dá shliocht féin mé.

Leis sin scread éan uaigneach éigin amuigh i ndeireadh na hoíche agus dhúisigh mé i dtobainne as mo chodladh. Bhí mo mhanach imithe is an lá ag breacadh, cáitheadh liath na maidine ar an mhuir mhór os coinne na fuinneoige. Ghoill sé orm nach raibh ár gcaidreamh níos dlúithe. Bhí cumhaidh orm i ndiaidh an té seo a tháinig chugam as an tsaol eile … as an tsamhlaíocht … níl a fhios agam!

Ó shin i leith tá na dánta seo ag faibhriú i m'aigne …

TUATHAL MAC LIAG'S QUATRAINS

I

I am Tuathal Mac Liag
    the silent poet of Skellig;
too long I'm out here
    plotting mischief

between the hot head
    and the faint heart.
The island revolts me,
    this world apart

in a windwhipped retreat
    remote from affection:
Caomhán, young and smiling,
    my lover, willow-slender.

CEATHRÚINTÍ THUATHAIL MHIC LIAG

I

Mé Tuathal Mac Liag
    file fann na Sceilge;
rófhada mé anseo
    ag cothú ceilge

idir an ceann teann
    is an croí lag.
Briost liom an t-oileán
    is mo shaol lom

i ndíseartán gaoithe
    i bhfad ó mo ghaol:
Caomhán óg aoibhálainn,
    leannán slatchaol.

II

He's in Ciarán's holy city,
    the riverside monastery
where the sun scatters plenitude,
    bright above the Shannon.

I love the rounded stone
    cells of that enclosure;
it's there I'd kiss Caomhán …
    oh! just to go there!

Decay and slow attrition
    overtake every being
but until my dying hour
    he is all I long to see.

Around a cold hermitage
    I walk an uneven way,
not genuflecting, but creating
    verses in his praise!

'Monk, abjure the world,
    to attain to God's kingdom';
but without my closest love
    there cannot be a heaven.

II

I gcathair chrábhaidh Chiaráin
    atá sé, cois na habhna;
áitreamh réidh na gréine,
    glé os cionn na Sionna.

Aoibhinn liom an cruinnteach
    i gclós úd na gceall;
ansiúd a phógfainn Caomhán …
    Á! dá mbeinnse thall.

Imíonn caitheamh is baol
    ar gach uile dhúil
ach go dtige lá m'éaga
    eisean mo mhian súl.

I ndíthreabh fuar siúlaim
    ar chonair nach cóir,
ní ag feacadh glún ach ag cumadh
    laoi cumainn ina onóir.

'Ná bac an domhan, a mhanaigh,
    is gheobhair Ríocht Dé';
ach in éagmais mo ghaoil fhola
    níl Neamh ar bith gan é.

III

Not for me the way of Scripture
    or endless, endless praying;
my enjoyment ever
    was wine and lovemaking.

For psalms at appointed hours
    I do not stop to pray;
neither do I sanctify
    my soul for judgment day.

To trample down desire
    before the face of death
is not for me. Better to expire
    in a festival of flesh.

Satisfy your lust for life –
    death comes to everyone,
and when your hour for earthing comes
    all scope, all grace, are gone.

III

Ní domhsa slí an tSoiscéil
    ná síorghuí an Rí;
b'aoibhneas domhsa i gcónaí
    drabhlás dí agus suirí.

Ní fhanaim ag canadh
    sailm na dtráth;
ná ag naomhadh an anama
    i gcomhair lá an bhrátha.

Na mianta a shatailt go dian
    roimh dhul i ndáil bháis
ní háil liom. B'uaisle i bhfad
    síothlú i bhfeis máis.

Sásaigh do mhian sa tsaol –
    gheibhid na huile bás –
is ón uair go bhfuil an úir tharat
    ní bhfaighid grásta ná spás.

IV

This stark, this wave-bound island,
    Táilcheann's sanctuary;
little good it was to him
    poor, scarce sustenance.

The cutting strength of sorrow,
    a woeful congregation;
no flesh will ever sing here …
    I'll dare the ocean.

Order, rule or clerical yoke
    will not obstruct my run
to you, dear heart, with utmost speed …
    God is not. You're the one.

Translated by Paddy Bushe

IV

Oileán lom na dtonn,
    tearmann Talcheann;
beag is fiú de mhaith ann,
    cothú garbh gann.

Tréanas géar an léin,
    tionól dochma bréan;
beag an baol teaspúlacht,
    éalód as thar aigéan.

Ord ná riail ná cuing cléire
    ní choisceoidh mo rith.
Chugatsa, a chroí, de rúide treise …
    deise liom thú ná Dia ar bith.

TUATHAL DAYDREAMS CAOMHÁN

Amber, amber your skin,
    dear heart;
        a harvest amber
in hillside heat.

The sun's tongue, the tongue
    of love
        ripens the barley
that furrows your breast.

The amber grain
    is growing
        rampant, abundant,
in the cleft of your cheeks.

Your amber brightens
    my night;
        the perfumed amber of barley
coming to fruit

in your smile, the glowing amber
    of harvest-time
        lighting your senses.
In your ambience, dear heart,

I am edged steel
    tonight;
        the reaper who comes to you
tempered, naked.

Translated by Paddy Bushe

Tuathal ag Cuimhneamh ar Chaomhán

Buí, buí do chneas,
    a chroí;
        buí deas an fhómhair
i dteas na gcnoc.

Tá lí na gréine, lí
    na seirce
        ag apú na heorna
i ngort d'uchta.

Tá an grán buí
    ag fás
        go tiubh agus go fras
i mám do mhása.

Is geal liom do bhuí
    san oíche;
        buí cumhra an arbhair
ag teacht i gcraobh

i d'aoibh, buí teasaí
    an fhómhair
        ag cur lasair i do chéadfaí.
A bhuí duitse, a chroí,

is fear faobhair mé
    anocht;
        an buanaí a thig chugat
cruaidh agus tarnocht.

TUATHAL SEDUCES CAOMHÁN

The living serpent
    of the mist
        twists
towards us from the herons' bog.

The gilded apple
    of the moon
        ripens into
temptation over our heads.

It's pure joy
    to be impure
        with you
stretched under the branches.

We will eat the apple,
    we will confound
        the serpent
with no contrition, no fatherly forgiveness

now or forever.
    God is neither
        here nor there
to corrupt our joy.

Translated by Paddy Bushe

TUATHAL AG MEALLADH CHAOMHÁIN

Tá nathair bheo
    an cheo
        ag lúbarnaigh
chugainn ó riasc na gcorr.

Tá úll órbhuí
    na gealaí
        ag apú
go meallacach os ár gcionn.

Mór an tsuáilce
    duáilce
        a dhéanamh leatsa
i gclúid úr na gcraobh.

Íosfaidh muid an t-úll,
    ceansóidh muid
        an nathair.
Ní bheidh tú ina aithreachas

anois ná go deo.
    Níl Dia ar bith
        anseo
le smál a chur ar ár n-aoibhneas.

TUATHAL'S PRAYER

Our Father, who art in Heaven,
    forgotten be thy name, and never
    may thy kingdom come. In the name of creation
come not amongst us. We have had enough
of the glorious word, the deistic deceit.
    Rest in thine own comfort
    and live according to thine own will.
Trouble not thyself with us;
Thou wouldst merely leave us under a cloud.
    We have tribulations enough
    without thine eternal jurisdiction.
Our daily bread, we will provide
today, and the rest of our days.
    We do not trust in thy beneficence.
    For God's sake, begrudge us not our foolishness –
we do repent of it –
but we ourselves created thee
    and, believe it or not, in our own likeness!
    Forgive us thy trespasses
as we forgive thee our trespasses.
Deliver us from thy piety
    and we will deliver thee from our theological delusions.
    exalt the divine in us
and we will exalt the human in thee
forever and ever. Amen.

Translated by Paddy Bushe

PAIDIR THUATHAIL

Ár n-athair atá ar Neamh
    go ndearmadtar d'ainm is nár thige
    do ríocht. Ar a bhfaca tú riamh
ná tar inár láthair. Tá go leor againn
den ghlóir is den bhriathar, den dallamullóg dhiaga.
    Fan ansiúd i do chlúid
    áit a bhfuil an saol ar do thoil agat.
Ná buair thú féin linne.
Ní dhéanfá ach muid a chur faoi smúid.
    Tá ár sáith os ár gcoinne
    gan a bheith go síoraí faoi do thoilse.
Ár n-arán laethúil, soláthróidh muid é
inniu agus gach aon lá eile.
    Ní chreideann muid i d'fhéile.
    Ar son Dé ná tóg orainn ár n-easpa céille –
tá cathú orainn gur tharla sé –
ach muid féin a chruthaigh thú
    agus inár gcosúlacht féin, arú!
    Maith dúinn do chionta
mar a mhaithimid duitse ár gcionta féin.
Saor sinn ó do chráifeacht
    is saoróidh sinne thusa ó bhreall ár ndiagantachta.
    Móraigh an dia ionainne
is móróidh muidinne an duine ionatsa
tré shaol na saol, Áiméan.

IN THE MONASTERY

Limb upon limb our mound of bones
is milled and ground beneath the sod;
our forefathers, once loud in their belief,
are silent now on the glory of God.

Translated by Paddy Bushe

BÁS-RANN

Géag ar ghéag ár gcual cnámh
á mheilt is á mhionú sa chré mhéith;
ár mbunadh romhainn a chreid go tréan
gan focal astu anois faoi ghlóir Mhic Dé.

SCAR

My first love,
I think of you always:
your sturdy limbs,
your mild manners
and your soft kiss.

The bond between us
will last, you said,
for all eternity;
and when you left,
you scarred my soul
for life.

If I return
to this world again,
in another lifetime,
I'll come back
to forget you
forever.

Translated by Frank Sewell

GOIN

Smaoiním ortsa de shíor,
a chéadsearc m'óige,
do ghéaga téagartha, do bhéasa
deasa, boige do phóige.

Mairfidh ár ngaol
a dúirt tú, tré shaol na saol
is nuair a thréig tú mé,
a mhian m'anama,
ghoin tú an t-anam ionam
le mo bheo.

Má thigim ar an tsaol seo arís
i ré éigin eile, tiocfaidh mé
le dearmad a dhéanamh díotse
go deo.

A Winter Night in a Distant Place

Why, dear one,
do I think of you now
at this juncture of my life?
It must be forty years
if it's a day
since you were my blood brother,
time raced by.

A fine summer's day it was
when first I saw you
on the market street;
your amber hair,
primrose hue,
firmly astride
your swift steed-motorbike.

Hero of the flashing smile,
sacred tree, brother!
I'd leave my father for you
go far into the distance,
lie with you between hills
on the back of the wind till daybreak.

You noticed me,
noticing you, a youth
of sixteen years at most
bursting with affection for you:
his shining eyes adored you,
ready to elope with you
to netherworlds, mountain pastures.

Such joy was mine
riding from behind
rising in the saddle with you.
We braved
the lonely moor,
two hands around you
clutching you for all my worth.

TRÁTHNÓNA GEIMHRIDH I GCÉIN

Cén fáth a bhfuil mé
ag smaointiú ortsa, a thaiscidh,
an tráth seo de mo shaol?
Tá sé daichead bliain
má tá sé lá
ó ba tusa mo bhráthair gaoil.
D'éalaigh an t-am go tapaidh.

Lonnaigh mo shúil ort ar dtús
lá breá samhraidh
ar shráid an mhargaidh;
d'fholt buí ómra
ar lí an tsabhaircín;
tú i do shuí go socair
ar each luais do ghluaisrothair.

Ba tú mo laoch, mo ghile na ndéad,
mo bhile mear, mo bhráthair.
D'éalóinn ó m'athair leat
i bhfad ó láthair leat,
rachainn fén gcoill leat,
luífinn idir chnocaibh leat
go héirí gréine de dhroim sléibhe.

Thug tú faoi deara mé
ag féachaint ort, buachaill
sé mbliana déag ar a mhéad,
lán de ghnaoi duit;
a shúile glé 'd'adhradh,
é réidh le héalú leat
go híochtar tíre, go huachtar sléibhe.

B'orm a bhí an lúcháir
ag gabháil ar chúlaibh leat
ag éirí sa diallait leat
ag marcaíocht amach leat
bealach uaigneach an tsléibhe,

Sunny swards amid hummocks,
bothies where we kissed, embraced,
the lark whistling ever so gaily.
I swooned, such was my love
on a fresh bed of leaves
fondling limbs I lived for.
You looked me in the eye with pleasure.

Why do I think
of you now
at this juncture of my life?
Forty years
if it's a day
since you were my blood brother,
my love, my desire.

There's something lonesome
about standing by yourself
in a back-street laundromat
far away, a winter's evening
listening to the choking sound
of washing machines
turning , turning around.

Much like the years
that slipped us by, sweetheart,
your motorbike brightening the bog road home.

Translated by Gabriel Rosenstock

mo dhá lámh tharat
is mé go tréan 'do chuachadh.

Ar léana gréine na dturtóg,
i mbothóg na bpóg is na mbarróg,
an fhuiseog amuigh lena feadóg
tháinig támh orm le grá duit;
ar leabaidh úr an duilliúir
ag muirniú na ngéag ba róshearc liom
dhearc tú sa tsúil mé le pléisiúr.

Cén fáth a bhfuil mé
ag smaointiú ortsa
an tráth seo de mo shaol?
Tá sé daichead bliain
má tá sé lá
ó ba tusa mo bhráthair gaoil
mo ghean is mo ghrá.

Ach tá rud éigin cumhúil
a bheith i do sheasamh leat féin
i *laundromat* cúl sráide
tráthnóna geimhridh i gcéin
ag éisteacht le glug-glag
na ngléas níocháin
ag rothlú agus ag casadh,

cosúil leis na blianta
a sciorr tharainn, a chroí,
cosúil le do ghluaisrothar
ag gabháil cor an phortaigh.

PYYNIKKI CHURCH PARK, TAMPERE

For Janak Sapkota

I'm sitting on a park bench
on a sun-gold autumn day,
watching cyclists and joggers
on their circuits, enjoying themselves
in the sun and working up a sweat.
    Long ago, people were buried here.
Now young mothers walk the paths
as their children play among the tombs.
Under the trees, lovers make hay,
blossoming in each other's arms.
Here, it resurrects my heart to see
    a graveyard so alive, so full of life.

Translated by Frank Sewell

PÁIRC PHOIBLÍ I DTAMPERE
Do Janak Sapkota

Suím ar bhinse i bhfaiche an bhaile
tráthnóna buí fómhair, ag breathnú
ar rothaithe agus ar lucht reatha
ag timpeallú na páirce, á n-aoibhniú féin
sa tsolas, á n-aclú féin le díograis.
     Fadó d'adhlactaí daoine anseo.
Tá máithreacha óga ag siúl na gcabhsaí,
a gcuid páistí ag spraoi i measc na dtuambaí.
Faoi na crainn tá leannáin ag déanamh fómhair,
ag teacht i gcraobh i ngéaga a chéile.
Aoibhinn liom an áit seo. Tógann sé mo chroí
     reilig chomh beo, chomh lán de bheatha.

OVID SPEAKS
For Frankie Watson

A hundred curses on this place of banishment,
back door to nowhere by the Black Sea.
The warmest day here would freeze the legs off a heron!

It's a far cry from the cosiness and comforts of Rome.
I'm going to seed here among barbarians
with as much learning and table manners between them as a flea.

Oh for a drop of that divine elixir,
fruit of the vine that gives sparkle to words!
For liquor here there's nothing but ice in the bottom of a jug.

Oh for the sunny slopes of those homeland vines again,
olive groves, wooded hills.
There I could live off consonants and vowels.

Scintillating Rome! Always in my thoughts,
where I juggled with life and death. There I gave colour
to humility, boldness to the sweetest sounds.

My brain will snap before I understand this Black Sea blather,
it strikes the ears betimes as the howl of wolves,
other times the wrenching of ice from itself.

Augustus it was who betrayed me and blackened my name,
but harsh though his judgement, his punishment, might seem
I swear he will not have victory over my words.

No king, no regime, however powerful
will tyrannise my poetry now or in times to come.
From age to age my poems will surge. They will speak

To rising generations in the fullness of time;
freemen who couldn't care less about Caesar and his ilk.
This is our age, let him know it, the age of Ovid, Virgil and Horace.

LABHRANN ÓIVID
Do Frankie Watson

Drochbhreith ar an áit damanta seo inar díbríodh mé,
an baile beag fuaramánta seo i mbéal na Mara Duibhe
a chonálfadh na corra ionat an lá is teo amuigh.

I bhfad ó shaol na bhfuíoll agus ó bheatha bhog na Róimhe
tá mé beo gan dóigh i measc na ndaoine danartha seo
nach bhfuil a ndáimh le léann ná le béasa deasa an bhoird.

Nach mairg nach bhfuil teacht agam anois ar an tsú spreagtha úd,
íoc súmhar na fíniúna lena mbínn ag biathú na mbriathra sa bhaile.
An tráth seo bliana leac oighir i gcrúiscín atá i bpóit an tí seo.

Nach mairg nach bhfeicim gleannta gréine na gcaor, m'fhearann
aoibhinn i gcéin, goirt na n-ológ agus cnoic na gcraobh.
Ar an tsuíomh úd b'fhurast domh bia a bhaint as caint na tíre.

Níl tráth ná uair den lá nach gcuimhním ar chathair gheal na Róimhe.
Ar an láthair úd chan mé bás agus beatha. Ansiúd chuir mé an tsuaithníocht
i bhfriotal na humhlaíochta, an dánaíocht i bhfuaim na grástúlachta.

Anseo tá teangaidh anaithnid a théann de mo dhícheall a thuigbheáil.
Amanta uaill na bhfaoladh a chluinim i rith na bhfocal agus amanta eile
uaill an tseaca ag scoilteadh san uisce a bhíonn i gcnead a gcainte.

Augustus a d'fheall orm, a dhamnaigh m'ainm, a dhaor mé,
ach dá dhéine a bhreithiúnas, dá ghéire a phionós, geallaim dó
nach sáróidh sé daonlathas mo dháin lena bheo.

Is ní éireoidh le haon rí dá réimeas, dá chumhachtaí é,
mo dhán a thabhairt faoina thiarnas anois ná go deo.
Ó aois go haois, brúchtfaidh siad aníos. Tá an domhan brách

le rá acu leis na glúnta dúshlánacha a thiocfas i dtráth;
na saoir úd ar chuma sa tsioc leo faoi Chaesar is a shliocht.
Seo ár ré, aois Óivid agus Virgil agus Horáit, dá n-admhódh sé é.

But Augustus is too self-important to see
that it is by the grace of poets that he lives and breathes,
and so will it always be; it is we who fashion the ageless legislation

of the free word, the honest word that bows not to tyranny,
the glowing commandments of poetry forever guarded by the Muse.
Forgive this hubris, this pride that has brimmed over.

Stature, name and honour have been taken from me.
I'm rootless, a beggar. Thrown to the winds,
the Word my only home.

Nothing to do but brandish my quill.

Translated by Gabriel Rosenstock

Ach tá Augustus rótheann as a thábhacht le go bhfeicfeadh sé
gur faoi scáth na bhfilí a mhaireann sé is gur amhlaidh a bheas go brách,
gur muidinne a chumann an reachtaíocht is buaine, dlí síoraí

an tsaorbhriathair, an focal cóir nach ndlíonn d'aon deachtóir,
aitheanta glé na héigse atá i gcónaí faoi dhlínse na Bé.
Maith domh an t-uabhar mór is an bród a théann thar fóir,

ach ó tugadh uaim a raibh agam de ghradam, d'ainm is d'urraim,
fear gan fód mé fágtha i dtuilleamaí na déirce. Ó cuireadh an fán
fada orm níl de bhaile agam anois ach baile seo an Bhriathair.

Níl a athrach le déanamh agam ach a theacht i dtír i ndán.

GÚRÚ I GCLÚIDÍNÍ

(Cló Iar-Chonnachta, 2006)

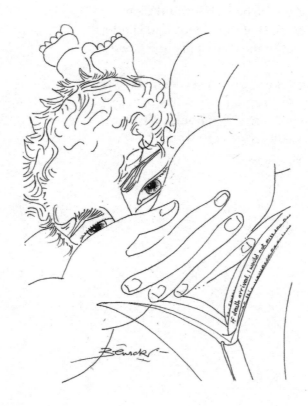

PRASHANT, AT 18 MONTHS

Genghis Khan, lord king of the house,
you ride in on all fours like the cavalry
rearing up over the wild frontiers
of the floor, attacking best blue china
town and high-chair city. Nothing is safe
when you charge in from upstairs Mongolia,
your war-cry scaring the cat next door away.

Heavy-handed, sturdy little deity,
you stamp on the stomachs of the peaceful Teddies
who've settled on the bed's bountiful plain;
you seize possession of their lands and chattels,
driving them out to the cold-spots of the bed.

At tea-time, lord king, you lay cruel siege
until the cupboard capital yields. Then,
you down a whole regime of Bourbon Creams,
your authority still refusing to wane
until you fall asleep at 9 p.m.

Translated by Frank Sewell

A Ghenghis Khan, a thiarna rí an tí,
tig tú le marcshlua na gceithre ngéag
ar chosa in airde thar iatha allta an urláir,
ag ionsaí tír ghorm na gcupaí agus cathair
ard na cathaoireach. Níl aon ní sábháilte
nuair a thig tú de shéirse tobann ó Mhongolia
cheann an staighre, do gháir chatha scanrúil
ag sceimhliú cat na gcomharsan. Imríonn tú, a dhia

beag na hardchumhachta, lámh láidir agus cos ar bolg
ar phobal séimh na d*teddys* atá ag cur fúthu ar mhachaire
méith na leapa. Glacann tú seilbh ar a dtailte agus a dtiarnais
agus díbríonn tú iad go dúchríocha chúl na leapa.
Déanann tú léigear buile ar phriosbhaile na mbrioscaí
go dtí go ngéilltear duit am tae, a thiarna rí.
Ansin cuireann tú deireadh le réim na m*Bourbon Creams.*
Go dtitfidh do chodladh ort ar a naoi, ní bhainfear do chumhacht díot, a chroí.

The Old Woman who Fell in Love with the Water

Nothing would do her
but to get away
somewhere, anywhere
with her secret love,
the Water. She said
she wanted to live
in a land under
the waves, and walked out
to him one evening
with the sun setting
her whole face aglow.
The Stream's manly arms
clutched and pulled her in
as she gave herself
with all the passion
of a young woman
plunging into the
whirlpool of his love.
The kind Water wound
around her neck a
silky scarf of reeds,
and for her pillow
the Loch placed a wan
sunken leaf under
her head. The Spirit
of the deep cradled
and sang her to sleep.

Translated by Frank Sewell

AN TSEANBHEAN A THIT I NGRÁ LEIS AN UISCE

Ní dhéanfadh a dhath maith di
ach imeacht léithe i mbéal a cinn
lena leannán ruin, an tUisce.

Theastaigh uaithi, adúirt sí,
cónaí a dhéanamh i dtír fo thoinn
ar ghrinneall na locha.

Shiúil sí amach ina araicis
tráthnóna agus dul faoi na gréine
ag cur grís ina gruaidh.

Mhuirnigh lámha fearúla
an tSrutha í go fíochmhar
agus í á tabhairt féin,

le díogras mná óige,
á géilleadh féin, á tomadh féin,
i gcuilithe a ghrá.

Chas an tUisce lách
scairf shíoda na cuiscrí
thart ar a muineál.

Mar philiúr suain
leag an Loch duilleog bháite
bhán faoina ceann.

Lena sheoithín seó
shuaimhnigh Sprid an duibheagáin
chun suain í go deo.

POSTCARD TO YUSUF IN IRAQ

('From the horizon of the individual
to the horizon of humankind' – Yevtushenko)

Tonight, on a mild May evening in Manhattan,
I stood at the front doorstep of the house
on Bleeker Street where you used to live
back in the 1980s when we were lovers.

I lingered long outside that doorway to heaven,
recalling night skies all lit up with love
when we would talk of your homeland – the sunny plains
of Iraq between the cities of Hillah and Najaf.

Where you are tonight I do not know
as the world, my love, is shaken and awed
from Najaf to Hillah, your people terror-struck
by superpowers as wrong as they are strong.

Barbarian bombs are raining down on you,
turning your cities to ruins, your towns to rubble
as they raise your land from Hillah to Najaf,
and heighten even more my fear for your life.

Tonight, caught in the shadow of your door,
I thought of you and what you said one time:
'The poet's place is in the heart of all
who are oppressed'. *All.* Tonight, my love,

there is nothing I can do for you but pledge,
in a tongue that goes unheard by the big guns,
that I am with you. Bombs are drowning out
my words, and bullets riddling my poem,

but tonight I am with you, Iraqi man,
because your heart, there in the teeth of terror,
is my land, the horizon of my humanity,
and that is why I say that I am with you,

Cárta Poist chuig Yusuf san Iaráic

Anocht i mboige Mhárta i Manhattan
sheas mé ar leac dorais an tí
ina mbíodh cónaí ort i mBleeker Street
nuair a thug mé gean duit sna hochtóidí.

Mhoilligh mé ag doras úd an aoibhnis
ag cuimhniú ar oícheanta gealaí ár ngrá
nuair a bhíodh ár gcomhrá ar d'áit dhúchais –
mínte gréine na hIaráice idir Najaf agus Hillah.

Níl fhios agam cá bhfuil tú anocht
agus dúshraith an tsaoil ar crith, a chroí,
ó Najaf go Hillah; do dhaoine ag creathnú
roimh an neart gan cheart seo atá á n-ionsaí.

Ta buamaí na barbarthachta ag titim oraibh,
ag déanamh carnáin de bhur gcathracha, conamar de bhur mbailte,
agus is mór m'eagla go bhfuil do bheatha i mbaol
idir Najaf agus Hillah agus iad ag treascairt do thailte.

Anocht agus mé ag moilliú ag doras an tí úd
ag smaointiú ort, chuimhníos gur dhúirt tú liom tráth:
'Tá tír dhúchais an fhile le fáil i gcroíthe
na ndaoine atá faoi dhaorsmacht'. Anocht, a ghrá,

caidé a thig liom a rá ach dearbhú duit
i dteangaidh bheag nach gcluintear sa challán
go bhfuil mé leat go hiomlán. Tá an buama ag breith bua
ar mo bhriathra is an diúracán ag déanamh magaidh de mo dhán,

ach anocht ta mé leat, a fhir álainn na hIaráice,
óir is é do chroíse, amuigh ansiúd i mbéal an uafáis,
fód beo mo dhúchais, fearann pinn mo dhaonnachta.
Dá bhrí sin, a mhian mo chroí is a dhíograis,

dearbhaím go bhfuil mé leat anois ó bhaithis
mo chinn i Najaf go bonn mo choise i Hillah.

brother, from the crown of my head in Najaf
down to the soles of my feet in Hillah.

Translated by Frank Sewell

KATHMANDU DOING HER THING

With daybreak comes the wake-up call
of her kiss. I look out my upstairs window
and see her walking the street, her sari
amber as the morning, her traffic's
breath rising like a heat wave.

Without a second's rest, she tries
to get her people out of bed,
waking them up with her noisy chatter,
enticing and cajoling them to greet
the day dawning from her sun-lit eyes.

At lunchtime, from the hotel veranda,
I see her stretched out in a heap,
her city frame splayed out, exhausted,
her breast's bazaar bobbing with traffic,
her curls combed into daunting climbs.

Today, as usual, the poor cower
in the backstreets of her cloak.
Harrowed by their hurts and hardship,
she is dumb with grief to witness
the rich reprimand the wretched,
kids teach their grannie to suck eggs.

Guardian spirit of the street-shrines,
princess of crumbled palaces, seer
of ancient courts, her eyes, her skies
grow dark with worry for her people
pressured into bloody rebellion
against the leaders who betrayed them.

Although she swears at the burning stench
of building-sites that cut her body
to the bone, her words are prayers.
And even now, she sings her people
songs of hope, anthems of redemption,

KATHMANDU AGUS Í I MBUN A CÚRAIMÍ

Le teacht an lae músclaíonn sí mé i dtobainne
le glao coiligh a póige.
Nuair a fhéachaim amach ó m'fhuinneog mullaigh,
tchím í ag siúl na sráide i *sari* buí-ómra na maidine;
bruth anála a tráchta ag éirí chugam ina mhur teasa.

Níl suí suimhnis aici anois ach í ar a cosa
ag cur líon a muintire ina suí,
á ndúiseacht le cága callánacha a gutha, á ngríosú
is a ngiúmaráil lena n-aghaidh a thabhairt go breabhsánta
ar an lá atá ag buíú as meall gréine a súl.

Am loin, ó bhalcóin an óstáin, tchím í
sínte ina cnap codlata,
a cabhail chathrach spréite go hanásta, í tnáite ón lá,
basár a brollaigh ag borradh le saothar tráchtála,
dlaoithe cas a gruaige cíortha aici ina gcabhsaí dúshlánacha.

Inniu tá na bochta lena mbeatha ghnách á gclutharú féin
go heaglach i gcúlsráideacha a clóca
agus is mór an méala di a mbuairt agus a gcruachás
agus is minic í ag déanamh tochta nuair a tchí sí an tréan
ag tromaíocht ar an trua, an meannán ag múineadh méilí dá mháthair.

Sprid chaomhnaithe na scrínte sráide, stáidbhean na bpálás
briste, bean feasa na gclós ársa.
Ar ball dhorchaigh spéir a súl agus bhuail daol chaointe an himní í
Ag faire cheannairc a clainne agus iad ag deargadh airm na réabhlóide
i gcoinne na ceannasaíochta a d'fheall orthu le fada.

Tá boige paidre ina briathra agus í le báiní
ag an bhruth bréan bildeála
atá ag déanamh angaidh i gceithre cnámha a colainne
ach dá ainneoin sin cluinim í ag canadh amhráin dóchais dá daoine
i bhforógraí bagracha lucht léirsithe, i dteanga bhachlógach na n-óg.

from the placards of demonstrators
and the broken speech of the young.

In the evening, her pagodas hung up
like pendants adorning her ears,
I see her walk in majesty
among her people, blessing them
with incense from her tongue and peals
of laughter among the sharp-eyed women

of the market. At nightfall, she spreads
a glittering canopy of darkness
over her people, streetlamps shining
like silver brooches in her silk cloak,
the amber moon over her shoulder
a torch, and car horns her lullaby.

As midnight strikes, I lift my eyes
to her, my soul's foster-mother
bringing me a warming drink
of sky, and leaving behind a star
outside my window, her parting kiss,
before I close my eyes and sleep.

Translated by Frank Sewell

Tráthnóna, a cuid pagódaí ar crochadh léithe,
siogiorlíní glémhaiseacha a cluaise;
tchím í ag siúl go ríogúil i measc a muintire, á mbeannú
lena teanga túise, cloigíní ag clingireacht ina gáire
agus í ag déanamh gleo le bantracht bheoshúileach an mhargaidh.

Le coim na hoíche téann sí timpeall ag spréamh
cheannbhrat glé an dorchadais
os cionn a daoine, lampaí sráide ina mbioráin airgid
ag lonrú ina clóca sróil, gealach ómra á hiompar aici
ina tóirse lasta, adharca tráchta a port aigeanta béil.

Chuicise, buime m'anama, a thógaim mo shúil
ar bhuille an mheán oíche agus mé
ag gabháil a luí tráth a dtugann sí deoch shuain chugam
lán de spréach shúgach na spéire. Agus í ag imeacht fágann sí réaltóg
ag glinniúint i m'fhuinneog, chomh bog binn le póg.

WATER

Love, when you call my name,
you cradle me with your tongue,
soften all that is within me:
what's tense relaxes, what's hard melts
till I erupt, bursting the banks
of my senses, the bounds of reason.
Currents of joy flow out of me,

so that now a murmuring stream
is gliding towards you, purling into
your crotch's cove, lapping the cave
of your ear, licking your thigh.
You who cannot swim a stroke,
I'll make you float, buoy your body
in the rising tide of my love.

Translated by Frank Sewell

UISCE

Nuair a chanann tú m'ainm, a chroí,
nuair a mhuirníonn tú mé le do theangaidh,
bogann a bhfuil istigh ionam;
sileann a bhfuil teann, leánn a bhfuil cruaidh;
brúchtaim aníos, brisim amach thar bhruaigh
na gcéadfaí, thar bhacanna na céille.
Sceithim i bhfeachtaí aibhnis,

sa chruth is go bhfuil monabhar srutha ag sní
chugat anois; ag gabháil cheoil
i gcamas do ghabhail, ag lapadáil
i gcuas do chluaise, ag lí do leise.
Tusa nach bhfuil aon bhuille snámha agat,
cuirfeadsa ar snámh tú. Tumfad do chorp
sa tuilidh ceana seo atá ag éirí thart ort.

193

MAY

Here, and the gentle light of May
lighting the morning, there's
a world of dewfall before me
sparkling kindly.

There's a snail creeping through the grass
pointing his aerials quickly,
asking directions. As
he heads forward,

a bright trail behind him, he's
feeling the world of his delight
questingly, curiously, patiently,
busy at his own little part

of this good morning's poem. Little
horned vigilante, little dewy go-between,
full of grace is the path of my eye, of my imagination
to be joined with you in the light

this bright green morning in eternity.

Translated by Seán Mac Aindreasa

BEALTAINE

Anseo agus caoinsholas na Bealtaine
ag lasadh na maidine, tá
domhan drúchta os mo choinne
ag spréacharnaigh go lách.

Tá seilide ag sní fríd an fhéar
ag biorú a chuid aeróga go tapaidh,
ag fiosrú a bhealaigh. De réir
mar atá sé ag gabháil chun tosaigh,

rian glé fágtha ina dhiaidh aige, tá
sé ag mothú an tsaoil atá lena mhian
go fiafraitheach, fiosrach, foighneach,
ag déanamh a chuid bheag féin go dian

de dhán seo na dea-mhaidine. A airdeallaí
bhig na n-adharc, a theagmhálaí an drúchta,
is grástúil raon mo shúl, mo shamhlaíochta,
a bheith i bpáirtíocht leatsa sa tsolas

an mhaidin ghlasuaithne seo sa tsíoraíocht.

DECEMBER
For Paddy Glackin

The summer visitors are long gone;
the cuckoo and the corncrake
flown south to the heat.
But you're still here
little robin, making music
on the bare threshold of Christmas.

Me and you on our own
singing lustily the little
red-breasted songs of hope
that keep fire in the heart
in these depths of winter.

Translated by Seán Mac Aindreasa

NOLLAIG
Do Paddy Glackin

Tá na famairí imithe i gcéin,
an chuach agus an traonach
imithe ó dheas chuig an teas
ach tá tusa anseo go fóill,
a spideoigín, ag déanamh ceoil
ar thairseach lom na Nollag.

Tá mise agus tusa linn féin
ag canadh go teasaí amhráin
bheaga bhroinndhearga uchtaigh,
a choinníonn caor sa chroí
i ndúlaíocht seo an gheimhridh.

FIELDS

Over the sea-cliffs,
I can see the fields
sliding downwards.

Only for the sheep
sitting on them
like paper-weights,

the fields would fall
like green leaves
down into the abyss.

Translated by Frank Sewell

CUIBHRINN

Tchím os cionn binn
na mara cuibhrinn
ag sleamhnú le fanaidh.

Ach go bé na caoirigh
atá ina suí orthu, á dtromú,
mar mheáchain ar pháipéir,

d'imeodh siad le fán
ina nduilleoga glasa
síos isteach sa duibheagán.

SHADOW

At your heels
without fail
fixed
to your fate
forever

I'm your shadow
the lighter side
of your self
that part
which flows

from the wellspring
of sunshine in your mind
I'm your shadow
rope walker of moonbeams
nimble pooka of gestures

I climb the sheer
walls of night
I hold brightness
within me and darkness
the dancing spark of life

and the Arctic chill
of death
a lunchtime sun
stretches me wildly
through the market

while you stand tall
at the veggie stall
the mob stamps on me
and I can't scream aloud
and plead for mercy

SCÁILE

Sa tsail agat
go beo
ceangailte
le do chinniúint
go deo

mise do scáile
an taobh éadrom
díot féin
an taobh sin
a shníonn

ó thobar na gréine
i d'aigne
mise do scáile
téadchleasaí na gealaí
púca aclaí na ngeáitsí

a shiúlann ar bhallaí
ingearach na hoíche
tá gile ionam
agus dorchadas
beospréach na beatha

agus fuacht
artach an bháis
seo mé
i lár an lae ghil
sínte spréite

ar shráid an mhargaidh
is tusa ina sheasamh
caol díreach
i scuaine na nglasraí
na slóite ag siúl tharam

At other times
I'm so full of myself
I grow and grow
a grisly shade, spectral
giving you the spooks

I'm your shadow
the dark side
of your self
you have to
come clean with me

before you thrive
before you find
a bright
wholesomeness
in yourself

on your deathbed
our fate
is to coalesce, to fuse,
to be complete
afterwards

I won't budge
out of you any more
I'll plant myself in you
like a seed
as you grow
eternally.

Translated by Cathal Ó Searcaigh

is gan d'éirim ionam
éamh os ard
is trócaire a iarraidh
amanta eile
tá mé chomh lán

díom féin
go dtig méadú fathaigh
orm
is go scanraím tú
mo thoirt taibhseach

le do thaobh
i do chreathnú
mise do scáile
an taobh dorcha
díot féin

caithfidh tú
réiteach liomsa
sula n-aimseoidh tú
gile an aoibhnis
ionat féin

ar uair do bháis
is é ár ndán
cumascadh le chéile
agus a bheith iomlán
ansin ní bhogfaidh mé

amach asat níos mó
buanoidh mé istigh ionat
mar shíol
is tú ag fás
sa tsíoraíocht

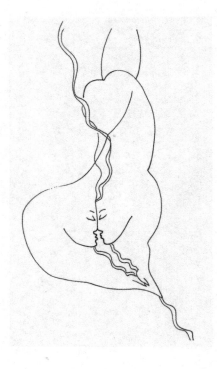

ó

Ag Tnúth leis an tSolas

(Cló Iar-Chonnachta, 2000)

TRANSFIGURED

I am getting ready to become a tree,
and not because some god is after me,
bearing down with his aerial authority,
my heart bolting from the thrust of his need.

My figure will be transfigured, in one go;
my human shell turned to the trunk of an oak,
my skin twisted to gnarled bark, my blood-flow
to sap. Out of my branch-bones leaves will grow.

Already, my fingers and toes are stretching out,
elongating into sinewy roots,
tucking themselves tightly into the ground;
and when a breeze blows my branches round,
I feel as if I'm going nuts, or out

of my tree. Today I stand tall and straight,
not breathing but rustling; birds congregate
in me, warbling airs while I create
chlorophyll, inspired by unfathomable light
to fulfil my destiny, synthesize my fate.

Translated by Frank Sewell

Claochló

Tá mé ag ullmhú le bheith i mo chrann
agus chan de bharr go bhfuil dia ar bith
'mo sheilg gan trua, é sa tóir orm go teann,
mé ag ealú óna chaithréim spéire, mo chroí ag rith
ina sceith sceoine, roimh bhuaile a dhúile.

D'aonghnó tiocfaidh claochló aoibhinn ar mo chló.
As mo cholainn daonna dhéanfar stoc darach.
Tiontóidh craiceann ina choirt chranrach; gan stró,
athróidh an sruth fola ina shú, an gheir ina smúsach.
Fásfaidh duilleoga ar mo ghéaga cnámhacha.

Cheana féin tá mo chuid ladhra ag síneadh,
ag géagú amach ina bhfréamhacha féitheogacha,
ag buanú sa chréafóg, ag taisceadh is ag teannadh.
Mothaím mé féin ag imeacht le craobhacha
nuair a shéideann bogleoithne fríd mo ghéaga.

Inniu chan ag análú atá mé ach ag siosarnach
agus mé i mo sheasamh caol díreach gan bogadh,
éanacha na spéire ag ceiliúr ionam go haerach.
As an tsolas diamhair seo atá mo spreagadh
go dil, cruthóidh mé clóraifil, mo ghlasdán.

THE GREEN MAN
For Patricia Craig

You come from the back hills, riding the wind,
legs akimbo, coarse, the smell of furze
on the fresh gale of your breath, sap on the sod
of your tongue, a flock of birds warbling in the foliage
of your back. You stir the seed and lengthen roots,
enflaming the sun to light up grey-faced April.

Clouds are caught in your upper limbs, young birds
nesting in the heath of your chest, your crotch wall.
You wash and scour the morning with a May downpour,
making plants and herbs, bushes and shrubs
glow. And when you stretch your Spring bones,
there's bleating in the fields, cuckoos in the trees.

In mountain pastures, the light of your eyes goes deep
into us. Buds of hope are born.

Translated by Frank Sewell

An Fear Glas
Do Patricia Craig

As na cúlchríocha tig tú chugainn ar dhroim na gaoithe;
géagscaoilte, garbhánta, boladh an aiteannaigh ar ghlasghála
d'anála; úsc an chaoráin ar fhód glas do theanga;
ealta éan ag ceiliúr i nduilliúr ciabhach do chúil.
Tig tú ag spreagadh an tsíl, ag cur síneadh i rútaí,
ag gríosadh lí na gréine i ngnúis liath an Aibreáin.

Tá scamaill i bhfostú i do ghéaga agus éanacha beaga
na spéire ag neadú i bhfraoch do chléibhe, i bhfál do ghabhail.
Sciúraíonn tú an mhaidin le garbhshíon na gcuach,
sa chruth go gcuirtear luisne úr i luibh is i lus, i dtom is i sceach.
Nuair a bhaineann tú searradh as do chnámha earraigh,
cluintear méileach sna cuibhrinn agus cuacha sna crainn.

I mínte an tsléibhe, téann solas do shúl i bhfód ionainn.
Tig bachlóga ar ár ndóchas.

ERRIGAL

In your last few years
as your body hunched and greyed with age
Errigal took possession of you.

It spread its angular limbs
tightly around you, shouldering you
every so often high up towards the sky.

It filled your eyes, your imagination
with its muscular, grey bareness.
Your mind was immured in its peak.

A heathery beard clung to the slopes
of your face, a scraw on your eyes, hoary lichen
from the back of your head to your forehead.

In the evenings, at sunset, the light
lay placidly on you, coaxing a gleam
from your quartz cheek, your granite forehead.

Your language grew sharp, became spiked;
a rockfall of scree slid every day
from the steep incline of your tongue.

Slowly but surely, you were crystallized
by its citadel, its gloomy face, its spellbound wall.
It enthralled you towards its eternity.

Now when I look at the mountain
your stare is constant from every overhang and hollow.
You have taken possession of Errigal.

Translated by Paddy Bushe

AN TEARGAL

Agus tú sna blianta deireanacha
cromadh agus liathadh na haoise ag teacht ar do chorp,
ghlac an tEargal seilbh ort.

Spréigh sé a ghéaga beannacha
thart ort go teann. Ar ard a dhroma, thógadh sé
leis chun na spéire tú, uair sa ré.

Líon sé do shúile, do shamhlaíocht,
lena liathacht, lena láidreacht, lena loinne.
D'fhág sé d'inchinn i nglas binne.

D'fhás féasóg fraoigh ar leargacha
do leicinn, scraith ar do shúile, crotal liathbhán
ar bhinn do chinn ó bhun go héadan.

Tráthnónta agus an ghrian ag gabháil faoi
luíodh an solas ort go sochmaidh, ag baint gealáin
as grianchloch do ghruaidhe, as eibhear d'éadain.

D'éirigh do bhriathra géar agus spíceach;
clocha sciligh a sciorr anuas achan lá le fánaidh
ó mhalaidh crochta do theangaidh,

Diaidh ar ndiaidh, chrioslaigh sé tú
lena dhúnáras rúnda, lena dhúchas dúr, lena mhúr draíochta.
D'ordaigh sé leis tú chun na síoraíochta.

Nuair a amharcaim ar an tsliabh anois
stánann tusa orm go síoraí ó gach starrán, ó gach ball.
Tá seilbh glactha agat ar an Eargal.

LOVE

I hid my eyes
under the cover of night;
I will no longer look at you.

I stood firm
at the boundary line;
I will no longer walk to you.

I silenced my tongue
in the mountain wilderness;
I will no longer speak to you.

I bound my hands
with the chains of loneliness;
I will no longer embrace you.

I crushed my memory
under the weight of forgetfulness;
I will no longer miss you.

Now I send you my heart
in this vessel of poetry,
so that I will not fall in love with you ... again.

Translated by Anna Ní Dhomhnaill

SEARC

Chuir mé mo shúil i bhfolach
faoi smúid na hoíche;
Ní amharcfaidh mé ort níos mó.

Chuir mé mo chosa i dtalamh
ag bun na dtrí gcríoch;
Ní shiúlfaidh mé chugat níos mó.

Chuir mé mo theangaidh i dtost
i ndíthreabh an tsléibhe;
Ní labharfaidh mé leat níos mó.

Chuir mé mo lamha faoi cheangal
le slabhraí an uaighnis;
Ní chuachfaidh mé tú níos mó.

Chuir mé mo chuimhne as úsáid
faoi ualach an dearmaid;
Ní chrothnóidh mé tú níos mó.

Anois cuirim mo chroí chugat
i mias seo na filíochta;
ionas nach dtitfidh mé i ngrá leat ... arís.

CIRCLE OF LIFE

This Samhain light that is dying
out there in the manure heap
will come back to life, will grow
in the white blossom of the potato plant,
in the amber hue of the corn, in the crimson of the tomato.

This youth in a sepia photograph
from the turn of the century, his face tormented
by the forbidden love he bore in his heart –
this denied love which broke him
comes to light in me as a gay and joyous love.

Translated by Anna Ní Dhomhnaill

An solas Samhnach seo atá ag fáil bháis
amuigh ansiúd i gcarn an aoiligh
tiocfaidh sé chun beatha aríst, chun fáis,
i mbláth bán na bpreátaí,
i lí ómra an choirce, i ndeirge na dtrátaí.

An buachaill seo i bpictiúr donnbhuí
ó thús an chéid, a aghaidh cráite
ag an ghrá crosta a d'iompair sé ina chroí.
An grá séanta sin a d'fhág é breoite
tig sé chun solais ionamsa ina ghrá gleoite.

THE TREE SPEAKS
For Brian Kennedy

I am the tree that will be destroyed,
tomorrow I will be cut and laid low.

My dignity will be hacked at,
my limbs will be strewn
in the dirt of the street –
my strong limbs.
The white blossom of my laugh will be silenced.

Everything I had stored
in the marrow of memories will be destroyed;
first tears of joy, my first leaves of hope,
the first notes of music pulsing through my boughs,
the first Spring that dressed me in a green gown.

The thrills of adventure told to me
by the birds; the twig-fragile nests
that thrived in the cradle of my branches,
the fierce storms that I soothed
by cuddling them close into my body.

The children who swung between life and eternity
in my branches; the whispered secrets
breathed under night's blanket,
the moon who draped me in the amber lace of Autumn,
the angels who alighted on me with the snow.

II

With the fluent tongue of my leaves
I defended, passionately
this space in which I thrived,
where I spread with wonder
the green thoughts that came to me in Spring.

With an abundance of seeds I covered
this earthly space around me with certainty

216

AN CRANN AG CAINT
Do Brian Kennedy

Is mise an crann a scriosfar,
a chuirfear ó bhláth, amárach, go brách.

Gearrfar mo mhaorgacht gan trócaire;
fágfar mo ghéaga spréite
i salachar na sráide –
mo ghéaga téagartha.
Goidfear bláth bán mo gháire.

Scriosfar a bhfuil i dtaiscidh agam
i smior na gcuimhní;
mo chéad deora áthais; mo chéad duilleog dhóchais;
an chéad siolla ceoil a chuisligh i mo ghéaga;
an chéad earrach a chur culaith ghlas orm.

Na scéalta eachtraíochta a tháinig chugam
ó na héanacha; na neadracha a bhláthaigh
faoi chúram craobhach mo shúl;
na stoirmeacha a cheansaigh mé
i mboige mo bhaclainne.

Na páistí a luasc idir an saol agus an tsíoraíocht
i mo chraobhacha; na cogair ruin
a hinseadh domh faoi choim na hoíche;
an ghealach a ghléas mé i lása óir an fhómhair;
na haingle a thuirling orm sa tsneachta.

II

Le teangaidh bhéal-líofa na nduilleog
chosain mé go seasta, colgach,
an spás seo ina mbeathaím;
ina gcraobhscaoilim go machnamhach
na smaointe glasa a thig chugam san earrach.

Le síolta dea-mhéine, chlúdaigh mé
an spás talmhaí seo i mo thimpeall le dearfacht,

in celebration of the Tree Spirit
that quickened firmly within me
as I came of age.

Tomorrow when they burn me,
when my bones will smoke,
I will become one with the sky, the fiery sky
that has fueled my imagination from dawn to dusk
with luminescence, with light.

Translated by Anna Ní Dhomhnaill

mar cheiliúradh ar an spiorad coille
a d'adhmadaigh istigh ionam go teann
agus mé ag teacht i gcrann.

Agus amárach nuair a dhófar mé,
nuair a dhéanfar toit de mo chnámha,
aontóidh mé leis an spéir, an spéir thintrí,
a líon mo shamhlaíocht ó dhubh go dubh
le niamhaireacht, le solas!

ó

Na hAingle Ó Xanadú

Dánta na nÓige, 1970–1980

(Arlen House, 2005)

MORNING MIRACLE

A July morning. I cross paths
with a ray of sun on Bealtaine hill.

Like a white lily, in summertime,
coming into bloom, here,

in the bog pools of Loch an Ghainimh,
pure light grows inside

the loneliest place in my mind
and I face the day aflame.

Now every blade of heather
is a tongue of flame singing

the lilac madrigal of morning.
I kiss the fresh mouth of the lake

and wrap my arms like a belt
round Bealtaine's slender waste.

Translated by Frank Sewell

MÍORÚILT NA MAIDINE

Maidin Iúil buailim le ga gréine
ar Chnoc na Bealtaine.

Mar lile bhán an tsamhraidh
ag teacht i mbláth, anseo,

in uiscí portaigh Loch an Ghainimh
aibíonn solas glé istigh ansiúd

san áit is uaigní im' aigne agus tugaim
m'aghaidh ar an lá go lasánta.

Anois tá gach tráithnín fraoigh
ina theangaidh ag canadh

amhrán bogchorcra na maidine.
Pógaim béal cumhra na locha

agus cuirim mo lámha thart
ar choim sheang an chnoic.

PRAYER

I would like
a word with God,
to tell him
to his face

that I am
fed up
eating the apple
of knowledge,

that I am
sick to the gills
of celebrating
his flesh

and of feasting
on his blood
every Sunday
and holy day

but it's impossible
to get through to him
because his only language
is Total Silence

and if I devoted
my whole life,
I'd still be no closer
to mastering

the basic grammar
of that tongue.
On my deathbed
let me give him

a good talking to.
Then, and only then
(with the help of God),

PAIDIR

Ba mhaith liom
labhairt le Dia
a inse dó
suas lena bhéal

Go bhfuil mé
dúthuirseach
de bheith ag ithe
úll na haithne

Go bhfuil mé
bréan dearg
de bheith ag fleá
ina chuid feola

Agus ag féasta
ina chuid fola
gach Domhnach
agus gach saoire

Ach ní féidir
teangmháil leis
mar gur Tost ar fad
a Theangasan

Is dá gcaithfinn
mo ré leis
fós ní bheadh bunghramadach
na teanga sin

Ar mo thoil agam
ná baol air.
Bhéarfaidh mé aghaidh
mo chraois air

Ar leabaidh an bháis.
An uair sin
(le cuidiú Dé)

will I be totally fluent

in Silence.

Translated by Frank Sewell

BREATH

I put a harness on it:
the saddle and stiff bridle
of concentration.

Go ahead and ride it.
The breath is a horse
that will take you away

to the bright spots
of the mind, there
between the heart and head.

Translated by Frank Sewell

beidh mé lánlíofa

i dTost.

ANÁIL

Cuir úim air:
diallait agus srian
dian na haire.

Gabh ag marcaíocht air.
Bhéarfaidh capall na hanála
ar aistear thú

go críocha geala
na haigne, ansiúd
idir croí agus cloigeann.

END OF AN ERA

The old poets
always lamented
the old ways
being abandoned.

Nothing has changed:
people are still
letting the old ways
slip into oblivion.

Communal turf-cutting,
communal harvesting,
night-visiting and patterns
are all just history now.

The old folk who practiced
the green lore of the land
and the sorcery of the seasons,
they are dying now.

The land outside untilled,
the hills eaten up by sheep,
and you herding state pennies
into your wallet,

street dust on your tongue,
English pandemic,
a world of fire and light
reduced to cold white ashes …

I smear the ashes on my poem.

Translated by Frank Sewell

Deireadh Ré

Na seanfhilí
chaoin siad i gcónaí
na sean-nósanna a bhíthear
a thréigeadh.

Níor athraigh a dhath,
táthar fós
ag ligean na sean-nós
i ndearmad.

Meitheal na mónadh
agus meitheal an fhómhair;
an t-airneál agus turas an tobair,
níl iontu anois ach stair.

Na seandaoine a chleacht
seanchas glas na talún
agus saíocht na séasúr
tá siad ag fáil bháis …

An talamh amuigh bán;
na cnoic ite ag caoirigh;
tusa ag dreasú pingneacha stáit
isteach i do sparán.

Dusta na sráide ar do theangaidh,
Béarla achan áit.
Saol a bhí ina chraos tineadh tráth
níl ann anois ach luaith bhán.

Smearaim an luaith ar mo dhán.

SOHO

Grey November mornings
on the streets of Soho, and you
'a whiter shade of pale'

after 'nights in white satin',
your mind blown open, and you
grooving out there in the light

with the angels from Xanadu.

KILLYBEGS

A harvest moon
over Killybegs: her song lulls
the fishermen to sleep.

Translated by Frank Sewell

SOHO

Na maidineacha glasa Samhna seo
ar shráideacha Soho, tú
a whiter shade of pale

i ndiaidh na *nights in white satin*
nuair a hardaíodh d'aigne, tú
Ag *groove*áil ansiúd sa ghile

leis na haingle ó Xanadú …

NA CEALLA BEAGA

Gealach na gcoinleach
os cionn na gCealla Beaga:
cuireann a ceol na hiascairí a chodladh.

HOPE

Here I am of a summer morning,
drinking tea, reading
and writing stanzas.

I haven't a red cent to my name
but I have poems.
So my heart dances.

GUEST

An ice-cold winter evening,
all is bare, frozen.

A knock at the door:
a gentle breeze seeks shelter.

Translated by Frank Sewell

DÓCHAS

Seo mé maidin samhraidh
ag ól tae, ag léamh
agus ag cumadh véarsaí.

Níl pingin rua i mo phócaí
ach tá dánta agam
a thógann mo chroí.

AOI

Tráthnóna rite geimhridh;
a bhfuil ann
lom agus conáilte.

Cnag ar an doras:
beochan beag gaoithe
ag iarraidh foscaidh.

LOVER

I blow the heart's bellows
just so

there's a fire here
to warm, welcome

and tempt you in,
night-traveller,

when you come
for shelter,

without a stitch to wear,
godsend from heaven.

MIDNIGHT: MÍN AN LEÁ

I hear the sound of their voices
and their wings softly rustling:

words – wild geese
crossing the page's horizon.

They'll come to rest in my poem.

Translated by Frank Sewell

LEANNÁN

Séidim boilg an chroí
sa chruth go bhfuil

tinidh anseo
lasta agus croíúil

le tú a mhealladh,
a thaistealaí na hoíche

nuair a thiocfas tú
ag lorg dídine

is gan tointe ort,
a dhúil ainglí.

MEÁN OÍCHE: MÍN AN LEÁ

Cluinim gleo a ngutha
agus sioscadh caoin a gcuid sciathán

géanna fiáine na bhfocal
agus iad ag teacht thar fhíor an leathanaigh.

Cuirfidh siad fúthu i mo dhán.

MATINS

In Mín an Leá
the fuchsia bells are ringing
us awake

In Mín an Leá
the river is chanting her mantra
out in the ashram air

In Mín an Leá
the rain is coming out with vowels
to bless us

In Mín an Leá
I step out of myself
through a portal of words.

MÍN AN LEÁ

Sitting at the window
after a shower of rain,
I hear morning in the bushes
singing a refrain.

Translated by Frank Sewell

ALTÚ NA MAIDINE

I Mín an Leá
tá clingireacht na nDeora Dé
ár ndúiseacht

I Mín an Leá
tá an abhainn ag canadh a *mantra*
in *ashram* an aeir

I Mín an Leá
gutaí atá i dteangaidh na báistí
agus í ár mbeannú

I Mín an Leá
fríd dhoras na bhfocal, siúlaim
amach asam féin …

MÍN AN LEÁ

I mo shuí ag an fhuinneog
i ndiaidh an cheatha
éistim leis an mhaidin
ag ceiliúr sna sceacha.

As soon as he came into the chippie, I noticed him. He looked like an angel in human form. Everything about him was lovely: the cherubic smile on his face, the golden sheen of his hair, his nifty body. There was even something noble about his posture. An angel – lacking only the wings.

He sat down at a table directly opposite my spot at the grill. I was sorry I wasn't waiting tables that day. I could have struck up a conversation with him then. Got to know him, maybe.

He sat there taking it easy until Joan waddled over to take his order. That girl is so flat-footed and dopey that it's a wonder she gets anything done at all. But she took his order, yawning the whole time. Burger and chips. At least while I was cooking the food I could glance over at him.

He sat with his hand under his chin, like he was deep in thought. What a vision he was in his white shirt, white trousers and, to top it all, his lovely fair hair. I could hardly take my eyes off him. Finally, he lifted his head and looked my way. And when he saw me staring so deeply at him, he seemed to blush from ear to ear, looking down and fidgeting with the salt cellar.

Every once in a while when I glanced at him sideways, I saw that he was watching me, furtively. *Maybe I'm wrong*, I thought, *but he seems to be interested in me.* Luckily enough, Joan was nowhere to be seen when his food was ready. What else could I do but serve the handsome guy myself? As I set the plate before him, my hands were shaking.

He looked at me shyly, the hint of a smile on his lips and pearly whites as I almost drowned in the wells of his deep brown eyes. When I spoke, there was a quiver in my voice.

'Are you on holidays?' I asked.

'Aye. We're staying in a guesthouse up the street'.

There was a northern twang in his accent: 'My parents took the youngsters out for a spin. I couldn't be bothered going'.

'Are you enjoying your holiday?' I was worried the conversation would run out before I could make a date with him.

'Aye, it's alright, but it'd be better if I had a mate to go round with'. He looked at me, plaintively.

Chomh luath agus a tháinig sé isteach sa bhialann chuir mé sonrú ann. Bhí an chosúlacht air gur aingeal i gcruth dhaonna a bhí ann. Bhí achan rud fá dtaobh de dóighiúil; an aoibh ainglí ina ghnúis, an loinnir óir ina chuid gruaige, an corp dea-chumtha. Bhí rud éigin uasal sa dóigh ar iompair sé é féin. Más aingeal a bhí ann ní raibh a dhath in easnamh air ach na heiteoga.

Shuigh sé síos ag tábla anonn díreach ón áit a raibh mé ag cócaireacht ar an *grill*. Bhí mé buartha nach ag freastal ar tháblaí a bhí mé. Bheadh deis agam ansin babhta comhrá a dhéanamh leis. Aithne a chur air, b'fhéidir.

Shuigh sé ansin ar a shuaimhneas gur *waddle*áil Joan anonn chuige lena ordú a ghlacadh. Tá an cailín sin chomh hamscaí ar a cosa agus chomh codlatach ina cuid dóigheanna gur mór an t-iontas dúinn ar fad go dtig léithe cor ar bith a chur dithe. Ghlac sí an t-ordú uaidh agus í ag méanfaigh. *Burger* agus *chips* a bhí uaidh. A fhad agus a bhí mise ag ullmhú an bhídh bhí faill agam mo shúil a chaitheamh ina threo.

Bhí sé ina shuí, a lámh faoina smigead, cuma smaointeach air. Ba eisean iontas na gile lena léinidh bhán, a bhrístí bána, a bhróga bána agus os a gcionn ar fad an ghruaig álainn fhionnbhán. Ba doiligh domh mo shúile a thógáil ar shiúl uaidh. Sa deireadh thóg sé a cheann agus d'amharc i mo threo. Nuair a chonaic sé go raibh mo dhá shúil sáite ann, b'fhacthas domh gur dhearg sé go bun na gcluas. Chrom sé a cheann agus thosaigh sé ag méaradrú ar shoitheach an tsalainn.

Ó am go ham nuair a d'amharcóchainn i leataobh air tífinn go raibh sé ag coimheád orm faoina shúile. Mura raibh mise meallta bhí sé ag léiriú spéise ionam. Nuair a bhí an bia réidh agam, ádhúil go leor, ní raibh Joan le fáil. Bhí sé fágtha fúmsa freastal a dhéanamh ar an bhuachaill álainn. Bhí mé ar crith agus mé ag leagan an phláta os a chomhair ar an tábla.

D'fhéach sé orm go faiteach, meangadh beag an gháire ar a bhéal déadgheal. D'fhéach mé síos i dtoibreacha donna a shúl. Tháinig mearbhlán in mo cheann ag amharc síos sa duibheagán donn, domhain sin. Nuair a labhair mé bhí creathán in mo ghlór.

'*Are you on holidays*?'

'*Aye. We're staying in a guesthouse up the street*'.

Bhí tuin tuaisceartach ar a chuid cainte. '*My parents took the young ones out for a spin in the car. I couldn't be bothered going*'.

I was amazed it was so easy to get on with him. I thought I'd be forcing friendship on him if I asked him to go for a walk on the beach. But here he was seeking company, and not begrudgingly either.

'I'm off in the evening for a while. Would you like to go for a walk?' My heart was pounding in my chest.

His lovely, suntanned face lit up with pleasure. 'Ok! We're mates then', he said, warmly, stretching out his hand.

I took his hand in mine and held it tight, red sparks of heat passing through me. 'I'm Charlie', I said, my breath taken away, almost.

'Hello, Charlie. I'm Gordon'.

We arranged to meet at four outside the chippie.

He was there at four on the dot, in a yellow peaked cap and blue anorak. We walked down to the beach and out onto the headland until we were far out and alone. A middle-class Protestant from Belfast, he was interested in cricket and rugby. He couldn't get over it when I said I didn't know anything about those sports or anyone who played them.

'Come on, you bloody Fenian', he said, laughing. 'I'll race you to the sea'. And we were off in one mad dash but I soon got the better of him and was a good bit in front when I stopped to let him catch up. He was out of breath and almost ready to fall over.

Just in case, I held him to my chest to keep him up. He was breathing heavily now, standing so close to me. I wiped the sweat from his forehead and from his cheeks. I could feel him holding me close, too, pressing his body against mine. And when I ran my hands over the curves of his ass, he sighed with pleasure.

'You Fenian bugger', he whispered, lovingly, in my ear, taking my hand and leading me to a sheltered spot in the sand-dunes.

Translated by Frank Sewell

'*Are you enjoying your holiday?*' Bhí eagla orm go dtiocfadh stad sa chomhrá sula dtiocfadh liom coinne a dhéanamh leis.

'*Aye, it's alright, but it would be better if I had a mate to go around with*'. D'amharc sé orm go truacánta. B'iontach liom go raibh sé chomh furast seo bualadh suas leis. Shíl mé gur ag brú dáimhe air a bheinn dá n-iarrfainn air a theacht liom ag siúl cois na trá. Ba eisean a bhí ag impí cairdis agus rinne sé sin gan fiacal a chur ann.

'*I'm off in the evening for a while. Would you like to go for a walk?*' Bhí mo chroí ag preabadaigh i mbéal m'uchta. Las a aghaidh álainn, ghrianghortha le lúcháir. '*Ok! We're mates*', arsa seisean go croíúil ag síneadh a láimhe chugam. Rug mé greim uirthi, á fáisceadh go docht. Chuir an teangmháil seo drithlí dearga teasa fríom.

'*I'm Charlie*', arsa mise, m'anáil i mbarr mo ghoib.

'*Hello Charlie, I'm Gordon*'.

Shocraigh muid go mbuailfeadh muid le chéile ar a ceathair taobh amuigh den bhialann.

Bhí sé ansin ar bhuille a ceathair, caipín buí píceach air agus *anorak* gorm. Shiúil muid síos i dtreo na farraige agus amach ceann na trá go raibh muid amuigh linn féin ar an uaigneas. Ba de mheánaicme Phrotastúnach Bhéal Feirste é, spéis aige i g*cricket* agus i *rugby*. Bhí iontas air nuair a dúirt mé leis nach raibh tuigbheáil ar bith agam ar na cluichí sin agus nach raibh aithne agam ar éinne a d'imir iad.

'*Come, you bloody Fenian*', arsa seisean agus é ag gáireach. '*I'll race you to the sea*'. Bhí muid ar shiúl i bhfáscadh amháin reatha ach taobh istigh d'achar ghearr bhí an ceann is fearr agamsa air. Bhí mé giota maith chun tosaigh nuair a stad mé agus lig mé dó breith orm. Bhí sé amach as anáil nuair a tháinig sé suas liom agus ar tí titim as a sheasamh.

Ar eagla go dtitfeadh sé d'fháisc mé le m'ucht é le taca a thabhairt dó. Bhí a anáil ag teacht ina séideoga tréana agus é dlúite suas liom. Chuimil mé an t-allas de chlár a éadain, dena leiceannacha. Thóg mé a chaipín agus shlíoc mé siar a chuid gruaige. Mhothaigh mé é ag teannadh liom, á bhrú féin in m'éadan le dúil ionam. Nuair a shleamhnaigh mé mo lámha síos thar a mhásaí cuaracha lig sé osna aoibhnis as.

'*You Fenian bugger*', arsa seisean i gcogar ceana in mo chluais ag breith greim láimhe orm agus 'mo threorú go dtí clúid foscaidh i measc na ndumhach.

Ar na leabhair is déanaí uaidh tá *Seal i Neipeal* (Cló Iar-Chonnachta, 2004), *Oíche Dhrochghealaí*, dráma (Coiscéim, 2005), *Mairimid Leis na Mistéirí agus Drámaí Eile* (Arlen House, 2006), *Gúrú i gClúidíní* (CIC, 2006), *Light on Distant Hills: A Memoir* (Simon & Schuster, 2009), *An tAm Marfach ina Mairimid* (Arlen House, 2011), *Pianó Mhín na bPréachán* (CIC, 2011), *Aimsir Ársa* (Arlen House, 2013 – bronnadh Duais an Oireachtais ar an tsaothar seo 2013) agus *Na Saighneáin* (Arlen House, 2014). Eagarthóir, *The Other Tongues* (Irish Pages, 2013); *Margadh na Míol i Valparaiso: Dánta Ghabriel Rosenstock* (CIC, 2013) agus *An tAmharc Deireannach : The Last Look*, Selected Poems by Colette Ní Ghallchóir (Arlen House, 2014).

Bhuaigh sé *The Irish Times* Literature Award i 2000 agus bronnadh The Ireland Fund Literary Award air i 2007 as feabhas a shaothair i nGaeilge. Roghnaíodh *By the Hearth in Mín a' Leá* (Arc Publications, 2005) mar Poetry Book Society Recommended Translation sa Bhreatain i 2006. Is é eagarthóir Gaeilge *Irish Pages* é. Tá cónaí air i Mín an Leá faoi scáth na hEargala i dTír Chonaill. Tá sé ina bhall d'Aosdána.

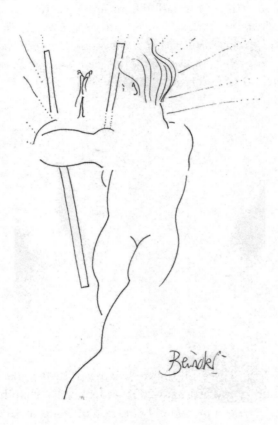

Pauline Bewick was born in 1935 into a family descended from the Northumbrian wood engraver Thomas Bewick. Her formative influence was her mother Alice ('Harry') Graham Bewick, who retold Pauline's early life in *A Wild Taste* (London, 1958). At the age of 2½ Pauline did her first pencil sketch, progressing within a few years to oils and poster paints. These works survive and are now exhibited in the Seven Ages Collection donated on her 70th birthday to the Irish State, and displayed in Waterford and Kerry. The Seven Ages Collection represents each decade and facet of a woman's life. (A further Seven Ages Travelling Collection of 300 pieces is available to exhibit worldwide). During her childhood Pauline painted copiously instead of doing homework which was difficult due to her dyslexia. In 1950 she enrolled in the National College of Art and in 1952 met Pat Melia, a young medical student with whom she formed a lifelong relationship. Pauline was commissioned to illustrate books and magazines, she sang in a nightclub and became a set designer and actor with the Pike Theatre. Her first exhibition was in 1957 in the Clog Gallery, Dublin after which she moved to London where she successfully exhibited at the Leicester Galleries and the Piccadilly Galleries. In 1960 BBC Television commissioned Pauline to illustrate and write a series called 'Little Jimmy'. In 1963 she returned to Dublin and married Pat. Poppy was born in 1966 and Holly in 1970. The family moved to Kerry in 1973 and built their home in a remote valley by Caragh Lake. The past 40 years have seen Pauline's work develop into an internationally-recognisable style, becoming an integral part of Ireland's cultural legacy. Over the years she has created work which reflects her own philosophies, such as the Yellow Man, her ideal being. She lived with the Maori people for over two years in the South Pacific hoping to find the perfect society. Among her recent successes are a new visual interpretation of Brian Merriman's poem, 'The Midnight Court', and an opera based on her original concept of Oskar Kokoschka and Alma Mahler's love story. To this day Pauline's artistic work is central to her life. She remains rooted in the present and is always open to new artistic challenges. See www.paulinebewick.ie

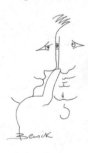

Is scríbhneoir, aistritheoir agus critic é Frank Sewell. Tá sé ina léachtóir sinsearach le litríocht in Ollscoil Uladh. I 2014 d'eagair sé *Seán Ó Ríordáin: Rogha Dánta* (Yale) agus ta ábhar critice foilsithe aige ar nuafhilíocht na hÉireann (sa dá theanga): an monagraf *Modern Irish Poetry: A New Alhambra* (OUP, 2000) agus, eag. leis an Ollamh James Doan, *On the Side of Light: the Poetry of Cathal Ó Searcaigh* (Arlen House, 2002) san áireamh.

Frank Sewell is a writer, translator and critic. He is a senior lecturer in literature at the University of Ulster. In 2014 he edited *Seán Ó Ríordáin: Selected Poems* (Yale), and he has published widely on modern and contemporary poetry in Ireland, including the monograph *Modern Irish Poetry: A New Alhambra* (OUP, 2000) and, edited with Prof. James Doan, *On the Side of Light: the Poetry of Cathal Ó Searcaigh* (Arlen House, 2002).

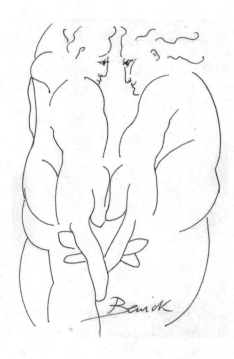

Born (so to speak) 1949, in post-colonial Ireland. Poet, playwright, haikuist, essayist, author/translator of over 180 books, mostly in Irish. Taught haiku at the Schule für Dichtung (Poetry Academy), Vienna, and Hyderabad Literary Festival. Prolific translator of international poetry, plays (Beckett, Frisch, Yeats), songs (Bob Dylan, Kate Bush, Leonard Cohen, Bob Marley, Van Morrison as well as Blues and Lieder), he also writes for children, in prose and verse. Represented in *Best European Fiction 2012* (Dalkey Archive Press) and *Haiku in English: The First Hundred Years* (Norton, 2013). *Books Ireland* says of his novel *My Head is Missing*: 'This is a departure for Rosenstock but he is surefooted as he takes on the comic genre and writes a story full of engaging characters and a plot that keeps the reader turning the page'. Recent titles include selected poems *Margadh na Míol in Valparaíso/The Flea Market in Valparaíso* (CIC, 2013), an autobiography in verse, *Sasquatch* (Arlen House, 2013) and selected essays *Éist leis an gCruinne* (Evertype). He is a member of Aosdána. Rosenstock's blog address: roghaghabriel.blogspot.ie

Tháinig Gabriel Rosenstock ar an saol seo breis is trí scór bliain ó shin agus ní fios i gceart cá raibh sé roimhe sin. I measc na bhfilí atá aistrithe go Gaeilge aige tá (in ord tábhachta, dar leis féin): Ko Un, K. Satchidanandan, Peter Huchel, Iqbal, Georg Trakl, Georg Heym, Seamus Heaney, Hilde Domin, Rabindranath Tagore, Kristiina Ehin, Nikola Madzirov, Munir Niazi, Günter Grass, Francisco X. Alarcón, W M Roggeman, Said, Günter Kunert, Walter Helmut Fritz, Zhāng Ye, Michael Augustin, Dileep Jhaveri, Hansjörg Schertenleib, Johann P. Tammen, Michael Krüger, Agnar Artúvertin, Elke Schmitter, Hemant Divate, Rati Saxena, Michele Ranchetti, Matthias Politycki, Juliana Sokolová agus Martin Walser.

Paddy Bushe was born in Dublin in 1948, and studied English and Irish at University College Dublin. He has lived in Kerry since 1973, and was a teacher there until 1990. He published his first collection in 1989, and has since published nine collections of poetry, seven in English and two in Irish, as well as four books of translations. *To Ring in Silence: New and Selected Poems* was published by Dedalus in 2008. His most recent collection is *My Lord Buddha of Carraig Éanna* (Dedalus, 2012). He has also edited *Voices at the World's Edge: Irish Poets on Skellig Michael* (Dedalus 2010). *Ó Choill go Barr Ghéaráin* (Coiscéim 2013) is a translation into Irish of the collected poems of Sorley MacLean. He is a member of Aosdána.

Seán Mac Aindreasa is the Managing Editor of *Irish Pages* and an inspiring figure in the revival of Irish in Belfast over the past fifty years. He edited *Aimsir Ársa* by Cathal Ó Searcaigh which was published in 2013.

Anna Ní Dhomhnaill was awarded an MA in Translation Studies from Queen's University Belfast. A professional translator, who until recently worked in Brussels, she currently lives in Donegal.

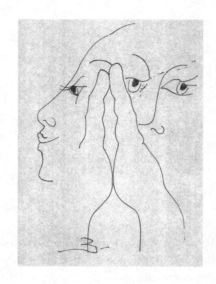